동양불교의 세계 2
동남아시아의 불교 수용과 전개

石井米雄 편/ 박경준 옮김

불교시대사

이 책은 石井米雄 編,《佛敎の 受容と 變容 2 - 東南アジア編》(佼成出版社, 1991)을 번역한 것입니다.

이 책의 한국어판 저작권은 佼成出版社와의 계약에 의해 불교시대사가 소유합니다. 저작권법에 의해 한국 내에서의 보호를 받는 저작물이므로 무단 전재와 무단 복제를 금합니다.

책을 펴내면서

'불교의 수용과 변용'이라는 기획 속에서 동남아시아를 어떻게 자리매김할 수 있을까. 이것이 편자에게 주어진 과제이다. 동남아시아의 민족적 다양성에 대해서는 자주 지적되고 있는데, 그 다양성이 특히 두드러진 것은 종교이다. 남북아메리카 대륙이나 유럽을 기독교권이라 부르고, 중동을 이슬람권이라 하듯이 동남아시아를 한마디로 이것이라고 특징짓기는 어렵다. 여기에는 기독교, 이슬람교, 불교라는 세계 3대 종교가 전부 존재하고 있기 때문이다. 더구나 그 각각의 종교를 국민 대다수가 신봉하는 나라들이 서로 병존하고 있다.

곧 동남아시아에는 인도네시아 · 브루나이를 포함하는 '동남아 이슬람권'과, 미얀마 · 타이 · 라오스 · 캄보디아를 포함한 '동남아 상좌불교권'이 있다. 그리고 유교 · 불교 · 도교가 혼합된 '중국 종교문화권'의 일익을 담당하는 베트남, 가톨릭 인구가 국민의 80%를 점하는 필리핀 등 4개의 종교문화권을 그 안에 가지고 있는 지역이다. 이 책에서는 이와 같은 상황을 전제로 신도수가 많고 각국의 정치·사회·문화 모든 면에 깊은 영향력을 지닌 상좌불교를 중심으로 취급한다. 아울러 베트남이나 말레이지아, 싱가포르의 화인(華人)불교에 대해서도 간략히 언급해 둔다.

본문의 서술에서 분명히 하고 있듯이 동남아시아 상좌불교는 스리랑카에서 유래한다. 인도에서 탄생한 불교의 한 유파가 스리랑카로 건너가, 거기에서 교의를 정비한 불교가 벵갈만을 건너 동남아시아 각지로 전파되었던 것이다. 그런데 후일 스리랑카 불교가 포르투갈, 네덜란드 등 유럽 기독교 국가의 식민지가 되어 쇠퇴하자, 이번에는 동남아시아가 스리랑카 불교의 재건을 도왔다. 상좌불교의 역사는 이처럼 스리랑카와 동남아시아가 서로 돕고 보완하는 종교 교류의 역사이기도 하였다.

한편 동남아시아 내부에서는 상좌불교가 국왕의 극진한 보호 아래 발전하여 민중생활 구석구석까지 깊은 영향을 미쳤다. 그래서 불교를 빼고서는 미얀마·타이·라오스·캄보디아의 전통적 가치나 민중생활을 말할 수 없다. 이 점에서 상좌불교는 위정자를 위한 진호국가(鎭護國家) 종교였다. 그래서 거대한 건축물만 남기고 사라져간 자바나 앙코르의 산스크리트계의 대승불교와는 다른 면을 지닌다.

그런데 이와 같은 중요한 역할을 수행하고, 현재도 역시 힘

있게 민중의 마음 속에 살아 있는 상좌불교가 연구자의 관심을 끌게된 것은 비교적 최근의 일이다. 그때까지 불교연구는 대부분 불교교학·불교사·불교미술 등의 연구에 치우쳐 있었으며, 현대불교는 연구자의 관심 밖에 있었기 때문이다.

현대불교, 특히 동남아시아와 그 연고인 스리랑카 상좌불교 연구는 불교학자보다는 오히려 상좌불교도가 거주하는 농촌을 연구하는 인류학자나, 정치에서 종교의 중요성을 강조하는 정치학자들에 의해 시작되었다. 그것은 1950년대 초기의 일이다. 일본에서도 1960년대 말경부터 점차 이러한 관심이 인류학-사회학 연구자 사이에 일기 시작했다. 그리하여 그 흐름은 마침내 팔리 어를 전공한 불교학자와, 스리랑카 및 동남아 불교국가를 대상으로 한 지역연구자의 양쪽을 포함하여 현대 팔리불교를 연구하기 위한 학계 결성으로 발전하고 있었다.

이 책의 집필자는 전원이 미얀마 어(語) 내지 타이 어에 숙달하고, 연구를 위해 1년 이상 각 대상국가에 머무른 경험을 갖고 있다. 인류학, 불교학, 문학, 역사학 등 전공학문은 다를지라도 연구성과는 자신의 현장체험에 근거하고 있다는 점에서 모두 일치한다. 이 책의 색다른 점이라면 바로 이것일 것이다. 여기서 말하는 동남아시아 불교는 전부 살아 있는 불교를 접촉한 집필자 자신의 경험에 뒷받침되고 있다. 독자 여러분은 아무쪼록 각 논문의 행간에서 동남아 사람들의 마음 속에 살아 있는 생생한 불교의 숨결을 느끼기를 바란다.

이 책에서 다룬 동남아시아 불교는 부파(部派)불교의 하나인 테라바다로, 불교학자는 오래 전부터 이를 '상좌부(上座部)'라고 번역하였다. 그것이 남방의 여러 나라에서 행해진다고 해서 '남방상좌부'라고 부르는 이도 있다. 또한 부외자(部外者)에게는 상좌부만으로는 뜻을 이해하기 어렵다고 하여 '상좌부 불교'로 부르는 경우도 있다. 그 후 이 불교연구자가 늘어남에 따라, 학계에서 이를 짧게 줄여 '상좌불교'라고 부르자는 제안이 있었다. 그래서 편자도 최근 논문에서는 '상좌불교'라는 용어를 쓰고 있다. 이 책에 실린 논문의 필자들은 '상좌부 불교' '남방 상좌부' 등 여러 가지 호칭을 사용하고 있다. 편자는 각 필자의 의사를 존중하여 아직 익숙치 않은 '상좌불교'로 통일하지 않았으니 양해하기 바란다. 머지않아 어떤 하나의 호칭으로 자연스럽게 통일되기를 기대한다.

1991년 10월
이시이 요네오(石井米雄)

목 차

▶책을 펴내면서 ………………………………………………… 3

제 1 장 • 개설 ─ 이시이 요네오(石井米雄)

들어가는 글 ………………………………………………… 15
제1절 상좌불교와 스리랑카 ………………………………… 18
제2절 상좌불교의 동남아시아 전파 ……………………… 21
    미얀마 ……………………………………………………… 21
    타이 ………………………………………………………… 24
    캄보디아 …………………………………………………… 26
    라오스 ……………………………………………………… 28
제3절 상좌불교의 현황 ……………………………………… 28
제4절 상좌불교, 그 이상과 현실 …………………………… 31
    자력의 종교 ……………………………………………… 31
    실천적 인식 ……………………………………………… 33
    고(苦) ……………………………………………………… 35

　　　　존재의 구조 ·· 37
　　　　진리 인식에의 길 ·· 38
　　　　방법론으로서의 출가 ······································ 40
　　　　민중의 불교 ·· 42
　　제5절 복전사상(福田思想) ·· 45
　　　　탐분 ·· 46
　　　　탐분의 여러 모습 ·· 48
　　　　주술적 불교 ·· 53
　　제6절 신(神)신앙과 상좌불교 ···································· 56
　　맺음말 ·· 60

제 2 장 • '고유'의 신앙과 불교 ─ 다무라 가쓰미(田村克己)

　　제1절 영혼관 ·· 68
　　　　윈니인과 레이뱌 ·· 69
　　　　원얀과 크완 ·· 74
　　　　의례의 제 요소 ··· 77
　　제2절 정령제사 ·· 82
　　　　불교의 우위성 ·· 84
　　　　질서와 힘의 관념 ·· 88
　　제3절 '고유'의 신앙 ··· 95

제 3 장 • 교단과 종교생활 ― 야마다 히토시(山田 均)

제1절 불교교단의 성립 ················ 107
- 불교와 교단 ················ 107
- 초기불교의 교단 ················ 109
- 부파불교의 교단 ················ 111

제2절 상좌부 상가의 발전 ················ 113
- 상좌부 상가와 스리랑카로의 전파 ················ 113
- 미얀마의 상좌부 상가 ················ 116
- 타이에서의 상좌부 상가 ················ 117
- 라오스·캄보디아로의 전파 ················ 119

제3절 불교교단의 생활 ················ 121
- 계(戒)와 율(律) ················ 121
- 출가와 교단의 의식주 ················ 123
- 수행생활 ················ 125
- 명상과 수행 ················ 127

제4절 교단과 사회 ················ 129
- 상가와 재가사회 ················ 129
- 상가와 교육 ················ 131
- 상가와 국가 ················ 133

제 4 장 • 불교의례의 민족지(民族誌) ― 하야시 유키오(林 行夫)

제1절 살아 있는 불교 ················ 135
제2절 적덕행(積德行)으로서 불교의례 ················ 137

제3절 토착신앙과 적덕행 ·· 140
제4절 촌락생활과 불교의례 ······································ 142
    연중행사화한 불교의례의 편성 ························· 144
    라오 인 사회의 히트 십프손 ······························ 146
제5절 불교의례의 민족지(民族誌)-카오사크 ············· 152
    카틴 의례 ·· 153
    카오사크 의례 ··· 155
맺음말 ··· 166

제 5 장 • 불교문학(미얀마) — 하라다 마사미(原田正美)
-앗타카타가 말하는 불교세계-담마파다를 중심으로

제1절 미얀마 불교문학의 모체 ································ 171
    들어가는 글 ··· 171
    파리얏티 활동과 불교문학 ································ 173
    미얀마의 불교문학 ·· 175
제2절 미얀마 불교문학과 담마파다 앗타카타 ········· 178
    담마파다와 담마파다 앗타카타 ························ 179
제3절 담마파다 앗타카타가 말하는 불교세계 ········· 182
    붓다의 가호와 구제 ·· 182
    아라한을 초월하는 붓다 ···································· 187
    비(非)불교세계 속에서의 붓다의 우월성 ········ 192
    선악을 설하는 붓다 ·· 202
제4절 담마파다 앗타카타에 나타난 불교관의 귀결 ··············· 205

제 6 장 • 남전(南傳) 상좌부 불교권의
　　　　구세주와 민중반란 ─ 이토 도시카쓰(伊東利勝)

들어가면서 ··· 209
제1절 민중반란 속에 보이는 구세주 ······································ 211
　사회 · 경제적 배경 ··· 211
　반란의 개요 ·· 212
　집단형성의 사상적 동인(動因) ·· 215
　구세주의 출현 ··· 219
제2절 미륵불과 전륜성왕 ··· 222
　《전륜성왕사자후경》 ··· 222
　전륜성왕에 관한 기타 경전의 내용 ····································· 225
　미륵불에 관한 기타 경전의 내용 ·· 226
　미륵불과 전륜성왕의 이미지 ·· 228
제3절 생활 속의 미륵불과 전륜성왕 ······································ 230
　《마레(마라이) 존사전》 ·· 231
　《마레(마라이) 존사전》의 보급 ·· 235
　전륜성왕 사상 ··· 237
　타이는 미륵불, 미얀마는 전륜성왕 ······································ 240
제4절 타이에서의 미륵불관과 종말론 ···································· 243
　미얀마의 미륵관 ·· 243
　타이에서의 미륵보살의 구제 ·· 245
　타이의 종말론 ··· 246
　미륵상생신앙과 하생신앙 ··· 248
맺음말 ··· 250

제7장 • 불교를 둘러싼 여러 문제 — 이시이 요네오(石井米雄)

들어가면서 …………………………………………………… 254
제1절 인도네시아에 전해진 상좌불교 …………………… 255
제2절 동남아시아에 전해진 중국계 불교 ……………… 263
제3절 베트남의 불교 ………………………………………… 265
제4절 동남아시아의 화인(華人)불교 ……………………… 271
맺음말 ………………………………………………………… 273

▶역자후기 ……………………………………………………… 275

동남아시아의 불교 수용과 전개

제 1 장

개설

이시이 요네오(石井米雄)

들어가는 글

동남아시아에 전파된 불교를 이해하기 위해서는 먼저 이것을 '역사적 불교'와 '현대불교'로 나누어 생각하는 것이 편리하다. '역사적 불교'란 옛날에는 신봉되었으나 현재는 사원, 불탑 등 여러 종교적 유적으로만 확인되는 불교이다. 이에 대해 '현대불교'란 현재도 역시 많은 사람들이 믿고 있는 불교를 말한다. 전자의 가장 유명한 사례는 1990년 유네스코의 협력으로 복구작업이 끝난 중부 자바의 보로부두르 유적으로 대표되는 산스크리트계 대승불교일 것이다. 일부러 '산스크리트계'로 단정하는 이유는 똑같은 대승불교라도 우리들에게 친숙한 한역(漢譯)불전이 아니라, 산스크리트 어 경전을 갖는 불교이기 때문이다. 인도에서 직접 동남아에 전파된 대승불교에는 이 밖에도 크메르 대승불교가 있다. 여기에는 캄보디아에 남아 있는 '앙코르 유적군(群)'이 특히 유명하다. 그리고 '크메르의 미소'로 잘 알려진 관음보살상을 사면에 새긴 바욘의 석탑은 대표적인 크메르 대승불교 미술로 꼽힌다. 보로부두르나 바욘을 낳은 동남아 대승불교는 모두 그 전통이 끊겨, 현재는 남겨진 비문과 몇몇 문헌자료를 통해서 당시의 신앙실태를 추정할 수 있을 뿐이다.

동남아시아 현대불교는 명확히 구별되는 두 가지 전통이 존재한다. 첫째는 미얀마·타이·라오스·캄보디아와 베트남 남부 일부에서 성행하는 스리랑카계 상좌불교이다. 이 책에 수록된 논문의 대부분은 이 계통에 속한 상좌불교를 다루고 있다. 또 하나의 흐름은 베트남에 육로로 전파된 중국계 대승불교이다. 후자가 갖는 불전은 한역불전이다. 다만 베트남의 대승불교를 민중들의 실천종교로 바라보면, 불교 단독이 아니라 유교, 도교를 합한 '삼교(三敎)'의 하나로 받아들인다는 점이 주목된다. 민중은 불교도이자 동시에 유교도이며, 또한 도교까지 믿고 그 의식에 참가한다. 즉 종교적 귀속(歸屬)이 복합적이다. 이것은 그 연고지인 중국불교의 존재형태에서 유래한 것으로 보이는데, 어떤 의미에서는 우리의 종교의식과도 통하는 점이 있다. 종교적 절충(혼합)은 미얀마의 '낫(神) 신앙'과 불교가 병존하는 것처럼, 상좌불교의 세계에서도 볼 수 있다. 그러나 미얀마의 경우 상좌불교는 고유 종교(서양인이 말하는 애니미즘)에 비해 압도적으로 우월한 위치에 있다. 그래서 유교가 때로 불교를 능가하는 힘을 가졌던 베트남의 '삼교'와는 안이하게 비교할 수 없다.

동남아시아 1억 인구가 신봉하는 상좌불교를 우리는 종종 소승불교라 부르고 있다. 그러나 이 호칭은 두 가지 점에서 문제가 있다. 첫째로 상좌불교도는 '소승'이라는 명칭이 나온 배경과 연관하여 이 말을 좋아하지 않는다. 왜냐하면 '소승'이라는 말은 자기 수행만을 중시하고 대중 구제를 경시하는 가르침이라고 해서, 나중에 발전한 대승불교도가 비판적으로 붙인 이름이기 때문이다. 둘째로 이른바 '소승'에 속한 불교에는 수많은 부파(部派)가 있는데, '상좌불교'는 그 하나에 불과하다. 곧 '소승불교' 쪽이 훨씬 더 넓은 개념이다. '소승불교'의 부파 가운데 오늘날까지 존속되고 있는 것은 '상좌불교'뿐이지만 이 둘을 동일시하는 것은 옳지 않다. 덧붙이자면 '상좌'란 팔리 어 '테라'의 한역으로 불제자로 대표되는 불교 교단의 '장로(長老)'를 의미한다. '상좌부'라는 불교부파는 이 부파의 성전(聖典)용어인 팔리 어로 '테라바다'라 부른다. '바다'란 '언어·언설·논(論)'을 의미하기 때문에 '테라바다'는 '장로들을 통해 면면히 이어져온 붓다의 전통적 교설'이라는 뜻이 된다. 실로 과장이 심한 명칭이라 할 수 있다. 또한 '상좌불교'는 지금까지 '상좌부 불교'로 부르는 경우가 많았다. 그렇지만 최근 연구자들 사이에서 이를 '상좌불교'로 간략히 부르고 있어 본장에서도 이것에 따르기로 하였다.

제1절 • 상좌불교와 스리랑카

스리랑카에서 쓰여진 《마하방사(大史)》나 《디파방사(島史)》 등 팔리 어로 된 역사서가 있다. 이들 역사서에 의하면 기원전 3세기에 인도를 통일한 아쇼카 왕이 세계 각지에 불교 전도사를 파견했을 때, 스리랑카에는 아쇼카 왕의 자식으로 불문에 귀의한 마힌다 장로를 파견한다. 당시 스리랑카 왕인 데바남피야팃사는 파견된 마힌다 장로를 융숭히 대접하고, 수도 아누라다푸라에 마하비하라라는 스리랑카 최초의 불교사원을 건립하여 이를 마힌다 장로에게 기증하였다. 스리랑카 불교는 먼저 국왕이 개종하면 신하가 이를 배우고, 이윽고 민중 사이에 이것이 전파되는 과정을 밟는다고 할 수 있다. 이때 전파된 불교가 오늘날까지 그 전통이 끊기지 않고 면면히 이어져온 상좌불교이다. 나중에 동남아 각지에 전해진 상좌불교는 모두 스리랑카 상좌불교에서 유래한다. 그러므로 먼저 스리랑카 상좌불교의 역사를 대강 살펴보기로 한다.

스리랑카의 역사는 남인도 해협을 넘어 동쪽으로 세력을 확장하는 타밀 세력의 동향과 밀접히 연관되어 있다. 기원전 2세기 전반부에는 일찍이 타밀 세력이 스리랑카를 침입한 기록이 있다. 둣타가마니 왕(기원전 161~137 재위)은 타밀 세력을 몰아내고 국토를 통일한 영웅으로 유명하다. 왕이 죽은 후 타밀 세력은 다시 스리랑카를 위협하였다. 마침내 밧타가마니 왕(기원전 89~77 재위)이 출현하여 타밀을 물리친다. 이 왕은 아바야기리비하라라는 사원을 세우고 새로운 불교를 보호한다. 이때부터 스리랑카의 불교는 보수파인 '마하비하라파(派)'와, 대승불교 및 밀교 등의 요소를 수용한 진보적인 '아바야기리비하라파'로 분열하게 된다. 이 둘의 대립은 12세기까지 계속된다. 밧타가마니 왕이 통치할 때 비로소 예로부터 입으로 전해온 불교경전이 문자로 기록된다.

5세기는 스리랑카와 다른 나라의 교섭이 활발한 시기였다. 중국의 승려 법현(法顯)이 이 지역을 방문한 것은 410년경이다.《법현전(法顯傳)》에 의하면 아바야기리비하라에는 5,000명, 마하비하라에는 3,000명, 그리고 체티야팟바타비하라에는 2,000명의 승려가 있었다고 한다. 이 무렵 붓다고사가 인도에서 건너와 마하비하라에 거처하며 활동하였다. 그는 《청정도론(清淨道論)》을 펴내 상좌불교 교학을 집대성하는데, 오늘날 상좌불교의 승려가 불교교리를 배우는 데 이용하는 대부분의 팔리 어 주석서는 붓다고사가 지은 것이다.

스리랑카 불교는 잇따른 타밀의 침입과 내란으로 그 후 쇠퇴하게 된다. 그 세력을 다시 회복하기 시작한 것은 겨우 11

세기가 지나서이다. 11세기 중반 비자야바후 왕(1055~1110 재위)은 스리랑카 섬에서 촐라 세력을 몰아내고, 포론나르와를 중심으로 불교적 정치질서를 확립하려 하였다. 그는 먼저 쇠퇴한 불교 상가(saṁgha)의 재건을 필요로 하였다. 그래서 바로 그 무렵 전국토의 정치적 통일을 이룬 미얀마의 수도 파간에 사신을 보내 경전을 구해오고 상가의 장로를 초청하였다. 미얀마 불교는 원래 스리랑카로부터 건너간 것이지만, 이제는 그것이 쇠퇴한 본거지의 불교 재건에 공헌하였던 것이다. 비자야바후 왕이 죽은 뒤 다시 국내를 통일하여 스리랑카 중흥의 아버지로 추앙받는 왕이 바로 파락카마바후 1세(1153~1186 재위)이다. 이 왕은 1165년 스리랑카 불교의 세 교파를 통합하여 마하비하라파를 유일한 정통파로 인정하였다. 이 파의 불교 전통은 오늘날까지 상좌불교의 정통이 되고 있다.

스리랑카는 16세기 초반에 먼저 포르투갈의 식민지가 된다. 이어서 17세기에는 네덜란드, 19세기에는 영국의 식민지가 된다. 이 기간 동안에 토착 정치세력은 약해져, 이와 함께 국왕의 지원으로 번영해 오던 상좌불교도 쇠퇴하지 않을 수 없었다. 이 상태를 극복하고 불교의 재건을 꾀하기 위해 18세기에는 타이, 그 뒤에는 미얀마의 불교 상가에서 장로를 초청하였다.

제2절 • 상좌불교의 동남아시아 전파

미얀마

 위에서 보아 알 수 있듯이, 11세기 중엽 미얀마에는 이미 상좌불교의 전통이 전해지고, 그 발전 모습은 연고지인 스리랑카에도 잘 알려져 있었다. 그렇지만 미얀마를 비롯한 동남아 대륙에 스리랑카로부터 불교 전통이 전래된 시기를 확정하기는 어렵다. 그러나 스리랑카와 동남아 대륙 사이에는 일찍부터 해상교역로가 발달하여, 그 통로를 거쳐 불교가 전해졌을 가능성은 매우 높다. 5세기 것으로 보이는 퓨우 유적에서 발견된 팔리 어 비문 등이 그 한 가지 증거이다. 6세기 이후 타이 중앙부에 존재한 몬인(人) 나라의 드바라바티의 유적에서도 또한 팔리 어 각문(刻文)이 발견되어 상좌불교의 존재를 추정할 수 있다.

 그러나 더욱 분명히 스리랑카계 상좌불교의 전파를 입증할 수 있는 것은, 11세기 중반 아노야타 왕(1044~1077)이 미얀마 상부의 파간을 중심으로 미얀마 인의 통일국가를 건설한 이후의 일이다. 1057년 아노야타 왕은 하(下)미얀마에 근거를 둔 몬 왕국의 수도 타톤을 침공하였다. 왕은 이때 불사리(佛舍利), 경전과 함께 불승(佛僧)을 파간에 보내고, 스리랑카 상좌불교를 미얀마의 공식적 종교로 채용하였다. 그때까지 지배적이었던 밀교적 색채가 강한 '아리'불교는 상좌불교를 정통적 불교로 정한 국왕의 정책에 밀려 그 세력이 약해졌다. 12세기에 들어와 스리랑카에서 마하비하라파를 정통파로 인정한 국왕 주도의 종교개혁이 진행되자, 그 영향이 미얀마 불교 교단에까지 미치게 된다. 1180년 정통 상좌불교의 전통을 파간에 전파하려고 미얀마 승려 웃타라지바 장로가 스리랑카에 건너온다. 그를 수행한 파타(=차파타)는 마하비하라파에서 수계를 받고 10년간 수행을 쌓은 후, 귀국하여 미얀마 수도 파간에 시하라 상가의 전통을 전파하였다. 12~13세기에 성행한 팔리 어로 된 저작물은 파간에서 상좌불교가 번창하였다는 것을 말해주고 있다.

미얀마에 도입된 상좌불교는 종교적 영역을 훨씬 뛰어넘어 미얀마 역사에 영향을 미쳤다. 국왕이 상가, 즉 불교 교단과 서로 떼어낼 수 없는 관계를 맺음으로써 불교 국가라고 부를 수 있는 통치체제가 성립하였던 것이다. 여러 역사서는 역대 미얀마 왕이 상가에 아낌없는 지원을 하였다는 사실을 적고 있다. 이러한 국왕의 종교적 행위는 불교 옹호자라는 입장을 국민에게 보여 백성의 신임을 얻으려는 세련된 정치적 행위인데, 이것은 불교 국가의 커다란 특징이다. 파간시대에 성립한 이러한 왕과 상가의 우호 관계는 19세기 말 영국 식민지 세력에 의해 왕정이 무너질 때까지 계속되었다.

국내의 정치적 혼란과 내란으로 국왕의 원조가 끊어지면

상가는 쇠퇴한다. 13세기 말 원(元)나라 원정군의 공격으로 파간 왕국이 멸망하자, 미얀마의 통일은 무너지고 상가도 또한 쇠퇴의 길로 들어선다. 하(下) 미얀마 왕인 단마제티는 1476년 스리랑카에 불교 사절을 파견한다. 그리하여 마하비하라 파에서 재차 수계를 받게 하고, 수도 페구에 카르야니 계단(戒壇)을 설치하여 정통적 전통의 부흥을 꾀한다. 국왕이 상가의 발전을 정치적 과제로 삼아 이를 원조하고, 그 조직화에 힘쓰는 구도는 후세까지 계속된다. 1871년 당시 미얀마 민돈왕(1852~1877 재위)은 혼란스러운 율(律)과 경(經)을 정비하기 위해 제5결집(結集)의 개최를 후원하였다. 이것은 두 번에 걸친 영국과의 전쟁을 통해서 전국토가 식민지로 전락할 위기에 처한 미얀마가, 종교적 이데올로기의 고양으로 그 정치적 통합력을 강화하기 위해 행했던 행사로 볼 수 있다. 이와 똑같은 경우는 현대에서도 볼 수 있다. 즉 반세기가 넘는 영국 식민지 통치로부터 해방되어 독립을 달성한 미얀마가, 우누 수상의 주도하에 1954년부터 2년에 걸쳐 제6결집을 개최한 사실이 바로 그것이다. 여기에서도 역시 불교의 이상 실현을 지향하여 사회주의를 표방하는 미얀마 정부가 자기 입장을 세계에 내보이려는 정치적 의도를 엿볼 수 있다.

타이

타이 인(人)의 국가는 미얀마보다 약 2세기 늦은 13세기 전반에 들어서서야 겨우 역사의 무대에 등장한다. 타이 중부의 스코타이를 중심으로 건설한 스코타이 왕국이 그것이다. 타이 어(語) 사료로서 가장 고층(高層)에 속하는 '라마캄헨 왕 각문(刻文)'이 있다. 여기에는 위로는 국왕, 왕족, 귀족으로부터 밑으로 서민에 이르기까지 모든 주민이 상좌불교를 열심히 믿는 모습이 생생히 기록되어 있다.

14세기 중엽 차오프라야 강 하류에 성립한 아유타야 왕국에서도 상좌불교는 왕제(王制)와 함께 국가질서를 지탱하는 중요한 존재였다. 국왕은 불교사원을 건설하고, 해마다 카티나 옷(衣)을 기증하고, 불교유적을 참배하는 등 여러 가지 기회를 통하여 숭불(崇佛)의 모범을 보임으로써 국내의 불교적 질서유지에 노력하고 있었다. 수도 아유타야는 전형적인 항구도시로 그 인구 구성은 국제적 색채를 강하게 띠고 있었다. 그래서 종교도 불교 외에 그리스도교, 이슬람교 등 여러 종교가 공존하고 있었다.

이들 다른 종교에 대해 역대 타이 왕국은 항상 너그러운 태도를 보여 종교탄압은 거의 없었다. 다만 이러한 다른 종교가 불교도에 영향을 미쳐 사회질서의 근간을 뒤흔들 정도로 위험을 느낄 때에는 주저하지 않고 금지령을 내려 저지 조치를 취하였다. 이만큼 불교적 질서유지가 타이 왕국에서는 중대한 정치적 관심사였던 것이다.

아유타야 왕국의 말기에 등장한 로마코트 왕(1733~1758 재위)은 불교발전에 온 힘을 쏟았는데, 그 시기는 학문과 예술도 크게 번창하였다. 그는 네덜란드의 식민지가 되어 세력이 약해진 불교를 재건하려는 스리랑카 왕의 요청을 받고, 우팔리 장로를 대표로 한 불교 사절을 캰디에 보낸다. 그리하여 7,000명의 비구와 3,000명의 사미에게 수계하여 스리랑카 상가의 부흥을 돕는다. 오늘날 스리랑카 최대의 불교교단인 시암 니카야(시암파)의 전통은 이때부터 시작한다.

불교의 기초인 경전이 문란할 경우, 이를 정비하기 위해 국왕이 후원하는 이른바 '경전의 결집'을 개최하는 관행은 일찍이 인도에서 시작하였다. 이것은 불교의 전파와 함께 동남아시아 각지에서도 행해졌는데, 우리는 이미 민돈 왕의 사례를 통해서 살핀 바 있다.

타이에서도 상황은 같다. 현 라타나코신 왕조의 시조인 라마 1세 왕(1782~1809 재위)은 아유타야 왕국 멸망 후 잇따른 전란으로 어지럽기 짝이 없는 국내의 종교적 질서를 회복하기 위해, 1788년 타이식으로 해서 제9번째의 결집을 방콕에서 소집하였다. 이때 제작된 삼장(三藏)경전을 '대황금판삼장경(大黃金版三藏經)'이라 부른다. 더욱이 왕은 출가자의 지계(持戒)를 엄격히 감시하고, 불순분자를 배제하여 잃었던 상가의 위신을 회복하기 위해 파계승을 강제로 환속시켰다.

타이에서는 20세기에 들어와 상가에 대한 정부의 통제를 한층 강화하였다. 1902년에 제정한 '상가 통치법'은 전국의 사원과 거기에 기거하는 승려를 수도에 설치한 대장로회의의 통제 밑에 두려는 최초의 시도로서, 이후 이것은 정부의 종교행정의 기초가 되었다. 이 법률의 시행으로 타이의 승려는 현재까지도 중앙집권적인 통일 상가의 통제를 떠나서는 존재할 수 없다. 더욱이 정부의 후원 아래 시행되는 교리시험과 자격부여는 불교교리 해석의 폭을 좁히고, 상가를 질서있는 정비된 조직으로 유도하지만 반대로 종교적 활력을 타이불교로부터 박탈하고 있다.

캄보디아

9세기부터 12세기까지 캄보디아에는 앙코르 유적군(群)으로 대표되는 힌두교와 대승불교의 종교문화가 번창하고 있었다. 그러나 13세기에 들어서서 서북방에 타이 인 세력이 발흥하여 크메르 인의 영토를 침입하자 곧 캄보디아 앙코르 문명은 쇠퇴한다. 그리하여 마침내 옛날의 힌두·대승불교에 대신하여 스리랑카계 상좌불교가 침투하기 시작한다. 13세기 말 캄보디아를 방문한 원나라의 주달관(周達觀)은 《진납풍토기(眞臘風土記)》라는 저서를 남긴다.

그는 여기에서 "삭발하여 황의(黃衣)를 걸치고, 계율을 지키는 승려가 사는 사원에는 석가모니불만 모셔져 있고, 비구니 스님의 모습은 보이지 않는다."고 적고 있다. 이것을 보면 수도 앙코르에는 이미 상좌불교가 신봉되고 있었다는 것을 알 수 있다. 14세기 초기에는 팔리 어로 된 비문이 발견된다. 15세기로 접어들면 타이의 압력은 더욱 강해져서 크메르 인은 수도 앙코르를 포기한다. 캄보디아의 중심은 그 후 현재의 프놈펜과 그 주변의 하천도시로 옮겨진다.

16세기에 프놈펜을 방문한 포르투갈인 선교사는 프놈펜에는 1,500명의 승려가 있고, 높이 30미터에 달하는 황금색 불탑이 우뚝 솟아 있다고 보고하고 있다. 18세기는 캄보디아에 대한 타이의 영향이 더욱 드세어진 시기이다. 18세기 말 캄보디아 왕에 오른 온 엔은 즉위 전 타이의 방콕에 있는 사원에서 출가생활을 보낸 경험을 가지고 있었다. 프랑스가 캄보디아를 그 보호 밑에 두었을 때, 불교에서 타이의 영향을 제거하려고 했던 것은 이러한 역사적 배경 때문이다.

1930년 프놈펜에 설립한 불교연구소는 타이불교의 영향을 배제하려는 목적이 있었다.

라오스

라오 인이 메콩 강 상류지역의 루안프라반을 중심으로 란산 왕국을 건립했던 것은 14세기 중반이다. 이것은 타이 인이 아유타야 왕국을 건설한 시기와 같다. 라오 인을 통일한 파굼 왕(1354~1373 재위)은 청년시대를 캄보디아 궁정에서 보냈다. 이때 그가 재능을 인정받아 크메르 왕녀를 아내로 맞아 귀국하여 나라를 세웠다는 전설이 있다. 이 파굼 왕 시절에 캄보디아에서 고승을 초청한 이후 상좌불교가 라오스에 전파되었다고 한다. 라오스도 또한 미얀마, 타이 등과 같이 불교를 국가 통치의 기초로 삼았다. 국왕은 대대적으로 불교를 장려하고 각지에 사원을 건립하였다. 16세기 세타티라트 왕(1547~1571 재위)이 수도 비엔찬에 건립한 왓트 프라케오, 타트 루안은 그 대표적인 사례이다.

제3절 · 상좌불교의 현황

상좌불교는 현재 스리랑카, 동남아시아 대륙 여러 나라를 중심으로 약 1억인 정도가 신봉하고 있다. 스리랑카에서는 싱할라 인을 중심으로 인구의 67%인 1,000만 명이 상좌불교 신도이다. 현재 미얀마에서는 버마인, 샨인, 몬인 등 약 3,000

만 명이 상좌불교를 믿고 있다. 이웃 타이에서는 인구의 95%가 불교도이고, 그 수는 5,200만 명에 달한다.

최근 캄보디아의 종교통계는 확실하지 않지만, 가령 750만 명 인구 가운데 85%가 불교도라고 추정하면 그 수는 600만 명이 넘는다. 라오스의 지형은 산악 지대와 평야 지대로 나뉘어지는데, 불교도는 평야에서 사는 라오 인에 한정된다. 그 인구는 50 내지 60%이다. 1986년 현재의 인구를 422만 명으로 추정하면 라오스의 상좌불교도는 200만에서 250만 명 사이가 된다.

상좌불교에는 대승불교처럼 교의가 다른 종파들은 별로 없지만, 여러 가지 해석상의 차이나 사회적 배경의 차이에 의해 니카야(교파)의 구별이 있다. 스리랑카에서는 카스트의 구별에서 오는 '시암 니카야', '아마라푸라 니카야', '라만냐 니카야'가 있다. 이 가운데 '시암 니카야'는 최대의 교파로서 고이가마라는 카스트를 기반으로 하고 있다. 미얀마에서는 재래파(在來派)로서 최대 교파인 투단마 이외에 슈에진, 마하 드와야, 흐겟투인 등 8개의 작은 교파가 있다.

타이불교의 두 교파의 구분은 그 영향하에 있는 라오스, 캄보디아에도 미치고 있다. 상가의 집권도(集權度)가 가장 높은 것은 타이이다. 타이에서는 앞에서도 언급한 '상가 통치법'이라는 국가법으로 상가의 활동을 규제한다. 그래서 마하 니카이, 타마윳트 양파 모두 '타이국 상가'라는 통일 상가에 소속되어 하나의 상카라트(法王)가 이를 통제하고 있다. 라오스에도 비슷한 조직이 있지만 그 집권도는 타이보다 약하다.

미얀마에서는 행정부에 의한 상가의 통제는 타이만큼 강하지 않았었다. 그런데 1980년 5월 네윈 정권은 모든 종파 합동 회의를 소집하여 각 종파, 각 지역의 대의원 장로를 주축으로 중앙집권적 조직 결성을 목표를 하는 법안을 심의케 하여 이를 통과시켰다. 이 조치로 정부에 의한 미얀마 상가의 규제가 갑자기 강화되었다. 이에 비해 스리랑카 정부의 상가 규제는 매우 약하고 상가의 자립성이 높다.

이처럼 오랜 역사를 지닌 상좌불교는 오늘날도 여전히 쇠퇴의 조짐을 보이지 않고 있으며 많은 사람이 이를 신봉하고 있다. 확실히 도시화, 근대화는 전통적 상좌불교 존재방식의 변화를 다그치고 있다. 그러나 한편 불교가 이에 대해 유연하고 다양한 대응을 보이는 것 또한 사실이다. 캄보디아에서는 폴포트 정권이라는 과격한 정치집단이 등장해서 불교를 철저히 탄압하여 말살하려 했던 역사가 있다. 그러나 온건파가 다시 집권한 현재, 오히려 불교를 적극적으로 장려하여 정치적 안정을 꾀하려는 움직임조차 나타나고 있다.

라오스도 상황은 비슷하다. 혁명 당시에는 불교에 대해 꽤 엄격한 태도를 보였던 라오스 사회주의 정권이 최근 점차 불교를 권장하는 쪽으로 방향을 바꾸고 있는 사실도 이를 말해 준다.

어느 경우이거나 긴 역사를 통해 민중의 가치의식에 깊이 뿌리내린 불교는 성급한 정치개혁에 굴하지 않고 강인한 생명력을 보여주고 있다.

제4절 • 상좌불교, 그 이상과 현실

1억인의 마음을 사로잡은 종교. 이 사실로부터 사람들은 상좌불교가 대중들이 쉽게 이해할 수 있는 종교라는 인상을 갖을지도 모른다. 그러나 상좌불교를 그 하나의 직계자손으로 생각하는 원시불교, 즉 붓다의 가르침은 결코 대중이 알기 쉽고 실천하기 쉬운 가르침은 아니었다. 그것을 '난행(難行)'이나 '달인(達人)의 가르침'이라고 부르듯이, 그것은 실행이 어렵고 높은 지혜와 강한 의지를 가진 지적 엘리트만이 실천 가능한 가르침이었다. 불교의 현실적 모습에 접근하기 위해서, 우리는 먼저 상좌불교의 근본교리에 대해 대강의 개념을 파악해 둘 필요가 있다.

자력의 종교

팔리 어로 된 가장 오래된 원시불교 경전 가운데 하나로 《법구경》이라는 단시(短詩)를 모은 것이 있다. 이 경전은 단순명쾌하고 합리적인 원시불교의 생각이 잘 나타나 있는데, 19세기 중반에 행해진 라틴 어 번역에서 시작하여 서양 각국어로 번역되어 널리 알려져 있다.

> 자기야말로 자신의 의지처
> 자신을 두고 누구에게 의지하리
> 잘 다스려진 자기야말로
> 실로 얻기 어려운 의지처
> 《법구경》160)

모든 종교는 어떤 의미에서든 '구제'를 설교한다. 그것은 죄로부터의 구제인지도 모른다. 그러나 그 '구제'가 누구에 의해서 초래되는가를 기준으로 살펴보면, 종교에는 두 가지 흐름이 있음을 알 수 있다. 하나는 스스로의 힘을 완전히 부정하고, 절대자에게 자신을 맡김으로써 그 '구제'가 가능하다는 가르침이다. 불교에서 살펴보면 신란(親鸞)의 교설 등은 여기에 속한다. 그는 '불가사의하게 구원하시는' '아미타불의 본원(本願)'의 신앙을 설한다. 이러한 신란의 가르침은 타력(他力)을 극한까지 추구한 교설로 볼 수 있다.

그리스도교에서는 '신앙만'에 의한 구제를 설한 마르틴 루터의 입장이 여기에 해당된다. 반면에 '구제'는 자신의 노력으로 달성된다는 가르침이 있다. 《법구경》은 무엇보다도 '절대 자력(自力)'의 교설을 대표한다고 볼 수 있다. 그래서 자신의 의지처는 자기자신이라고 한다. 자기자신을 두고 다른 데서 의지처를 찾는 것은 옳지 않다. 어느 영역자(英譯者)는 '의지처'에 'saviour' 즉 '구제자'라는 말을 붙인다. 자기를 구원하는 자는 자기자신밖에 없다. 우리는 이 시구에서 철저한 자력사상을 보게 된다.

문제는 얻기 어려운 '의지처'가 '잘 다스려진 자기'라고 하는 한 구절이다. 있는 그대로의 자기로서는 구원을 기대할 수 없다. 구제를 지향하는 자는 스스로 '자기를 정비하기' 위해서 노력하지 않으면 안 된다. 이것이야말로 붓다 교설의 원점이며 이상적인 모습으로서 상좌불교의 출발점이다.

실천적 인식

붓다의 제자 가운데 한 사람으로 말룽캬풋타라는 청년이 있었다. 그는 당시 사상계에 소용돌이치고 있었던 여러 형이상학적 과제의 해결에 고민하다가 붓다를 찾아갔다. 세계의 영원성, 생명과 육체, 사후의 운명, 세계의 유한성과 무한성 등, 그와 같은 문제는 같은 시대의 청년들을 번민케 한 난제들이었다. 이들 문제에 대한 해답을 얻지 못하면 수행을 그만두고 집으로 돌아가겠다고 다그치는 청년에게, 붓다는 자애롭게 반문하였다.

어떤 사람이 독이 묻은 화살에 맞아 고통받고 있다고 하자. 그 사람의 친구나 친척은 그를 위해 의사를 부를 것이다. 그런데 정작 독화살에 맞은 당사자는 이렇게 말했다고 하자. 나를 쏜 자는 누구인가. 왕족인가, 바라문인가, 서민인가, 그렇지 않으면 노예인가. 그 자의 이름은, 키는, 피부 색은 어떤가. 그리고 사용한 활과 현은, 또한 화살대와 화살깃은. 그래서 이들 사항을 알지 않고서는 화살을 빼낼 수 없다고 말했다면 어떻게 될까. 그는 답을 얻기 전에 독이 퍼져 죽어버릴 것이 분명하다. 마찬가지로 말룽캬풋타여, 그대는 의문을 풀지 않으면 수행을 그만둔다는데, 그렇다면 그대는 해답을 얻기 전에 이 세상을 떠나지 않으면 안 될 것이다.

붓다는 왜 그 청년의 물음을 거부하였을까. 그것은 청년의 질문이 '구제'에 아무 도움이 안 되기 때문이었다. 붓다의 입장은 분명하다. 구제에 관계없는 어려운 질문에는 관여하지 않는다. 그의 메시지는 마음의 고통에 고뇌하는 자에게 향하고 있다. '고(苦)'로부터 해방, 이것이 붓다의 가르침의 근본이었다. 붓다의 인식에 대한 자세는 어디까지나 실천적이다. '고'로부터 해방되는 길을 찾는 사람에게만 붓다의 교설이 존재한다. 고뇌로부터의 해방을 구하지 않는 자는 붓다에게는 '무연(無緣)의 중생'인 것이다.

고(苦)

 붓다의 종교적 출발점은 '고(苦)'였다. 그는 모든 인간의 배후에서 '고'의 모습을 보았다. 산다는 것은 '고통'이다. 질병, 그것도 '고통'이다. 그리고 죽음(死), 그것은 영원한 생명을 갈구하는 인간에게 최대의 '고통'일 것이다. 가까이 하기 싫은 증오하는 사람과 만나는 것은 '고통'이고, 그 반대로 사랑하고 사랑받는 사람과 헤어지는 것도 '고통'이다. 바라는 것을 얻지 못하는 것도 역시 '고통'이다. 곧 인간 주위에는 '고통'이 널려 있다. 붓다의 가르침은 이러한 '고'로부터의 해방에 눈을 돌리고 있다.

 고대 인도인은 붓다를 의사에 비유하고 있다. 의술을 구성하는 것은 무엇인가. 첫째로 '병(病)'이다. 병이 있기 때문에 의사가 필요하다. 둘째로 '질병의 원인'이다. 원인이 있기 때문에 비로소 '병'이 발생한다. '병'을 치료하기 위해서는 먼저 그 원인을 밝혀내지 않으면 안 된다. 셋째로 '병이 없는 것', 즉 건강한 몸이다. 이것이야말로 의사가 목표로 삼는 것이다. 네번째로 '약'이다. 약으로 사람은 병을 고치고 건강한 몸으로 돌아온다. '고'로부터의 해방을 설한 붓다의 가르침은 질병과 치료의 논리와 비슷하다. 붓다의 가르침의 근본을 이루는 이른바 '네 가지 진리와 여덟 항목의 성스러운 길(四諦八正道)'이 바로 그것이다.

비구들이여, 고귀한 진리로서 고(苦諦)란 이것이다. 곧 사는 것도 고(苦)요, 늙는 것도 고이며, 병드는 것도 고이다. 슬퍼하고, 한탄하며, 괴로워하고, 근심하고, 고민하는 것도 고이다. 미워하는 자와 만나는 것도 고이고, 사랑하는 사람과 헤어지는 것도 고이다. 바라는 것을 얻지 못하는 것도 고이다. 요컨대 인생의 모든 것(그것은 집착을 일으키는 근거인 五取蘊으로 존재한다.)은 그대로 고이다.

비구들이여, 고귀한 진리로서 고(苦)가 일어나는 원인(集諦)은 바로 이것이다. 곧 미망(迷妄)한 생애를 반복케 하고, 희열과 욕정을 지녀, 도처의 사물에 애착하는 갈욕(渴欲)이다. 정욕적(情欲的) 쾌락을 구하는 갈욕과, 육신의 존속을 바라는 갈욕과, 권세와 영화를 구하는 갈욕이다.

비구들이여, 고귀한 진리로서 고(苦)의 소멸(滅諦)은 이것이다. 곧 그 갈욕을 완전히 떠나는 것, 즉 그 지멸(止滅)이다. 또한 그 기사(棄捨)이고, 그 방기(放棄)이며, 그것에서 해방되는 것이고, 그것에 대한 집착을 떠나는 것이다.

비구들이여, 고귀한 진리로서 고(苦)의 소멸에 이르는 길(道諦)은 이것이다. 곧 여덟 가지 항목으로 된 성스러운 길, 즉 바른 견해, 바른 사유, 바른 언어, 바른 행위, 바른 생활, 바른 노력, 바른 억념, 바른 정신통일이다.

《상응부(相應部)》

이것이 '사제팔정도(四諦八正道)'라는 가르침이다. 이 논지는 매우 명쾌하고 논리적이다. 즉 인간 존재에게는 '고'가 불가피하고, '고'는 갈욕에서 생긴다. 따라서 우리가 그 갈욕을 소멸시킬 수 있다면 '고'도 역시 소멸한다. 갈욕의 방기라는 말은 쉬워도 그 실천은 쉽지 않다. 그렇지만 여기에 제시된 팔정도(八正道)를 실천할 수 있다면 능히 갈욕의 방기는 실현되고, 마침내 '고'를 소멸시켜 진정한 해방에 도달할 수 있을 것이라고 한다. 여기에서도 역시 실천자는 어디까지나 자기 자신이지, 실천과정에서 남의 도움을 구할 수 없다. '구제'가 되느냐 안 되느냐는 모두 자신의 노력에 달려 있다. 참으로 엄중한 가르침이다.

존재의 구조

 '고(苦)'의 원인은 무엇일까. 그것은 존재의 구조와 그것에 대한 인간의 잘못된 인식 속에 존재한다. 붓다는 모든 형성된 것은 무상(無常)이라고 설한다. 이 세상에 존재하는 모든 존재는 조물주의 창조물이 아니다. 그것은 여러 가지 원인이나 조건이 서로 어우러져 형성된 것에 불과하다. 그렇기 때문에 모든 형성된 존재는 끊임없이 움직이고 변화하며, 단 한 순간도 멈추는 법이 없다. 그것은 '무상(無常)'이고, 없어지는 것을 그 본질로 하고 있다. 그럼에도 불구하고 인간은 이러한 존재의 참모습을 있는 그대로 보지 않고, 상주(常住)를 바라며 없어진 것을 보고 슬퍼한다.

자신을 불변하다고 믿고, 이것에 끊임없이 집착하는 것이다. 그래서 흡사 삼복 더위에 길을 떠난 길손이 물을 구하듯이, 갈애(渴愛)라는 맹목적·충동적 욕망이 일어나고, 그것이 '욕심(貪)' '노여움(瞋)' '어리석음(癡)'이라는 번뇌의 불꽃이 되어 인간의 마음을 태운다. 이것이 '고'가 발생하는 원인이다. 그렇기 때문에 만약 인간이 이 진리를 깨달을 수 있다면, 번뇌의 불꽃은 꺼지고 '열반'의 경지에 들어 다시는 이 미망의 세상에 돌아오지 않을 것이다. '열반에 든다'는 것은 예컨대 '천국'이나 '극락'에 가는 것은 아니다. 그것은 번뇌의 불꽃이 진리를 인식함으로써 사라지는 것을 의미한다. 그리고 '열반'에 든 자는 다시 이 미혹한 세상에 되돌아와 '고'를 맛보는 일이 없다.

진리 인식에의 길

'고(苦)'의 근원은 존재의 구조에 대한 '무지(無知)'이다. '고'로부터의 해방은 '무지'에서 '지(知)'로 전환함으로써만 능히 이를 달성할 수 있다고 설한다. 매우 주지(主知)주의적 태도이다. 이것이 붓다의 기본자세이고 이상적이라고 보는 상좌불교의 태도이다. 그렇다면 다음 문제는 우리가 어떻게 해서 이와 같은 '지'를 얻을 수 있는가 하는, '지'를 획득하는 방법론일 것이다. 앞에서 언급한 '팔정도'는 그 실천론의 하나이다. 이것을 더욱 단순화하여 명쾌하게 요점을 보인 설명으로 '삼학(三學)'이 있다.

'삼학'은 계(戒)·정(定)·혜(慧)라는 세 요소로 이루어진다. '계'란 '심신의 조정(調整)'이다. 일반적으로 '계'라 하면 금욕적 측면만을 떠올리는 경향이 있으나, 그 본뜻은 절도 있고 규칙적인 생활태도를 견지함으로써 육체와 정신 양면을 정비하는 것을 의미한다. '정'이란 명상법을 실천함으로써 '정신통일'을 이루는 것이다. 이 '계'로써 심신을 정비하고, '정'으로써 정신을 통일한다. 이 두 가지 실천으로 인간은 '최고의 영지(英知)'를 얻을 수 있다는 것이 '삼학'의 요점이다. 최고의 영지를 획득함으로써 인간은 존재의 참모습에 다가서며, 고로부터의 해방, 즉 '열반'에 도달할 수 있다.

참으로 논리 정연한 이론이다. 다른 사람의 힘을 빌지 않고 홀로 자기구제를 지향하여 고독한 길을 떠나는 수행자, 그것이 상좌불교가 묘사하는 바람직한 수행자의 모습이다. 또 하나의 오랜 팔리 어 시집 《숫타니파타》는 "마치 코뿔소의 뿔처럼 홀로 가야 한다."고 말하고 있다.

방법론으로서의 출가

이것은 문자 그대로 '난행(難行)'이라 하지 않을 수 없다. 막스 베버가 불교를 '달인(達人)의 종교'라 부른 것은 참으로 온당하다 할 것이다. 이와 같은 교설이 도대체 어떻게 해서 민중의 마음을 사로잡을 수 있었을까. 그러나 이 문제에 들어가기 전에, 우리는 먼저 이 '난행'의 교설이 나왔던 수행자 집단에 관해 말하지 않을 수 없다.

붓다의 가르침은 하루 하루 생활에 쫓기는 보통 사람에게는 실현 불가능한 경지이다. 이 가르침을 실천하기 위해서는 일상생활의 모든 것을 버리고 오로지 수행에만 전념할 필요가 있을 것이다. 그래서 그렇게 결의하는 사람이 나타났다. 붓다의 가르침에 따르려고 결의한 제자들은 먼저 인간을 재생산하는 근거인 '가정(家)'을 나왔다. 이른바 '출가(出家)'이다. 그러나 '출가'를 하여도 인간인 이상, 인간의 생물학적 존재를 유지하기 위한 최저한의 식사를 하지 않을 수 없을 것이다.

스스로 생산활동을 방기한 '출가'는 생산활동을 계속하는 '재가(在家)'의 존재와 그 지원을 전제로 하지 않을 수 없다. 그러나 그러한 재가자가 과연 존재한 것일까. 인도에서는 불교가 성립하기 훨씬 전부터 사회 속에서 종교 수행자를 존경하고 이들에게 식사 등 생활양식을 공양함으로써 공덕을 얻는다는 관념이 있었다. 불교의 출가자도 또한 이러한 전통적 사회관행을 전제로 하여 가정을 버리고 수행에 전념할 결심을 할 수 있었던 것이다.

불교의 출가자는 다른 종교에서 볼 수 없는 특징을 가지고 있다. 그것은 출가자가 집단으로 수행생활을 한다는 점이다. 원래 출가자는 떠돌아 다니는 수행자였으나 언제부터인가 한 곳에 머물러 수행하는 관습이 생겨났다. 이와 같은 불교수행자 집단을 상가(saṁgha)라 부른다. 상가는 '열반'을 지향하여 공동의 수행생활을 하는 출가자 집단이다.

그런 의미에서 상가는 구성원이 명확한 목적의식으로 결합한 공동체(association)이다. 그 공동체는 구성원의 행위규범을 정한 규칙이 필요하다. 상가 구성원의 행위를 규제하는 규칙을 계율(戒律)이라 한다. 상가의 목적을 이해하고, 그 성원이 되어 집단적 수행생활을 보내기로 결의한 사람은 일정한 의식을 거쳐 상가에 가입한다. 그 의식이 수계식(授戒式)이다. 그것은 상가의 성원으로 지켜야 할 계율을 받는 의식이다. 상좌불교의 전승(傳承)에 의하면 상가 구성원이 지켜야 할 계율은 227조로 되어 있다.

227계는 위반자가 즉시 성원권(成員權)이 박탈되는 4조(條)의 대죄(大罪), 일정한 감시기간을 거쳐 상가로 복귀할 수 있는 13조의 경죄(輕罪), 고백으로 용서되는 미죄(微罪), 그 밖에 여러 가지 예의범절로 이루어진다. 상가의 구성원은 삭발하고 황의(黃衣)를 걸치는데, 재가자와 다른 이 복장은 재가의 질서를 떠나 정해진 계율을 지켜 수행생활을 하는 사람이라는 표시이다. 계율에 관해서 붓다고사의 유명한 말이 있다. "계율은 불교의 생명이다. 계율을 지키는 곳에 불교가 있다."

즉 상좌불교의 동일성(identity)은 계율을 지키는 자에 의해 유지된다고 할 수 있다. 처음에 말했듯이 내란과 외적의 침입으로 상가의 지계(持戒)가 문란할 때, 그 회복을 위해 국외의 '청정한 상가', 즉 계율을 바르게 지키고 있는 출가자 단체에 자국의 승려를 파견하였다. 그래서 거기에서 다시 수계받거나, 그 상가를 자국에 불러 수계하기를 원하였다. 이러한 역사가 남아 있는 것은 상좌불교가 불교로 계속 살아남기 위해서는 바르게 계율을 지키는 승려가 꼭 필요하였다는 사실을 말해 준다.

민중의 불교

이상에서 본대로 붓다의 가르침, 나아가 그 전통을 계승하는 상좌불교는 분명 엘리트 지향의 종교이다. 당연한 말이지만, 엘리트는 항상 사회의 소수자이다. 그럼에도 불구하고 오늘날 스리랑카로부터 동남아시아 일대에 걸쳐 1억이나 되는 상좌불교도가 존재한다는 사실은 무엇을 말하는가. 그들 대부분은 우리들처럼 일상의 양식을 구하기 위해 여러 가지 경제활동을 하는 평범한 사람들이다.

이처럼 지극히 평범한 사람들의 신앙을 지탱하는 원리가 지금껏 보아온 '달인의 종교'일 수 있을까. 아마도 그렇지 않을 것이다. 이만큼의 신자를 끌어들이는 데에는 지금까지 서술한 정통적 교리와는 달리 평범한 사람이 매력을 느끼는 무언가가 있을 게 틀림없다. 그래서 다음 과제는 이러한 의문을 푸는 것이 된다. 즉 근본불교를 지향하는 '엘리트 종교'와 '1억인의 불교도 대중'이 존재한다는, 얼핏 보면 이율배반적으로 보이는 이런 상황을 뒷받침하는 원리가 무엇인가 하는 것이다.

일찍이 타이에 어떤 영국인이 있었다고 한다. 그는 자주 일을 쉬고 절에 참배하러 가는 하인에게 화를 내며, 내세에는 필시 천국에 태어나 대천사가 될 거라고 비꼬았다. 그러자 그 하인은 "천만에요. 천국 따위는 흥미없습니다. 열반에 드는 것도 사양하오. 다시 한번 이 세상에 돌아와 왕이나 부자가 되어 즐겁게 살고 싶소."라고 말했다 한다. 이 일화는 민중의 종교적 관심사를 보여주는 흥미로운 이야기이다. 민중의 관심은 동남아시아가 고대 인도에서 물려받은 윤회전생의 세계관에 있다.

즉 생사가 변하여 재생을 반복하는 세계 속에서 행복을 얻는 데에 있다. 붓다는 그 근본교리에서 윤회를 초월하여 열반의 세계에 드는 길을 설교하였다. 그러나 민중은 붓다가 설한 절대적 구제에는 거의 관심이 없다. 그 대신 불교가 부정의 대상으로 삼은 윤회전생의 세계를 고집하고, 윤회적 질서 속에서 '상대적 구제', 곧 더 많은 행복을 얻기를 갈구하는 것이다.

붓다의 가르침 가운데 '선인선과 악인악과(善因善果 惡因惡果)'라는 말이 있다. 모든 현상은 어떤 원인의 결과로 생겨난다. 선한 원인은 선한 결과를 낳고, 악한 원인은 악한 결과를 낳는다는 뜻이다. 이 불교의 근본원리를 민중은 선한 원인이 있으면 즐거운 결과를 낳고, 악한 원인이 있으면 괴로운 결과가 생긴다는 뜻으로 이해하려 한다. 그리고 행복을 바라는 자는 반드시 즐거운 결과를 낳는 원인이 되는 행위를 해야 한다고 생각한다.

역으로 괴로운 결과를 낳는 원인을 짓는 행위를 피하려고 한다. '즐거운 결과를 낳는 원인이 되는 행위'를 팔리 어로 '푼냐(puñña, 타이 어로는 '분')'라 한다. 우리말로 하면 '공덕(功德)'이다. 이것에 대해 '괴로운 결과를 낳는 원인이 되는 행위'는 '파파(pāpa, 타이 어로는 '바푸')'라 부른다. 윤회적 질서 속에서 상대적 행복이 증대하기를 기대하는 민중은, 오로지 '푼냐'를 추구하고 '파파'를 피하는 데에 온 마음을 쏟고 있다.

제5절 • 복전사상(福田思想)

민중은 현세의 행복을 바라며 공덕을 쌓으려 한다. 그러나 자신의 행위가 공덕을 낳는다는 보증을 어떻게 하여 얻을까. '푼냐'라고 믿었던 행위가 진정 행복을 가져온다는 것을 누가 증명해 줄까. 민중은 자기의 종교적 행위의 결과에 대해 확증을 얻으려 한다. 이것은 자연스런 현상으로 보인다.

타이의 사원에 금품을 기부하면 일종의 '영수증'을 받는다. 그러나 자세히 보면 거기에는 보통의 영수증과 달리 '축복의 증명'이라 쓰여 있다. 출가자가 그 선행을 함께 기뻐하며 '기부자에게 축복을 준 증거'라는 의미이다. 더욱이 종이의 뒷면을 보면 거기에는 '푼냐 케탄 로캇사(이 세상의 福田)'라는 문자가 적혀 있다. '이 세상의 복전'이란 '상가'를 의미하는데, 거기에는 이 상가야말로 뿌린 씨가 틀림없이 공덕이 되어 열매를 맺는 밭이라는 뜻을 담고 있다.

재가자에게 다가오는 상가의 구체적 모습은 먼저 출가자이고, 그 출가자가 기거하며 열반을 지향하여 수행에 매진하는 사원이다. 상가가 '이 세상의 복전'이라는 것이 증명된 이상, 공덕을 쌓아 행복이 찾아들기를 바라는 민중의 종교적 관심사가 모두 그 '복전'에 쏠리는 것은 당연하다고 할 것이다. '복전사상'이야말로 상좌불교를 신봉하는 민중의 종교적 행동을 설명하는 키워드라고 말할 수 있다.

탐분

불교에 관해 타이 인이 일상적으로 가장 많이 입에 올리는 말은 아마 '탐분'이 아닐까. 이웃 라오스라면 '헷트분'이라 한다. 모두 다 '공덕을 쌓는다'는 뜻이다. 스리랑카에서는 '다나(布施)'라는 말을 많이 쓰는 것 같다. '어디 가십니까?' '절에 탐분하러 갑니다'라는 말을 자주 듣는다. 상좌불교도가 절에 가는 주된 목적은 '공덕을 쌓기' 위해서이다.

특별히 많은 돈이나 값나가는 물품을 가져갈 필요는 없다. 집에서 지은 밥 한 그릇이나 뜰에 열린 망고 한 개라도 좋다. 아니 경우에 따라서는 아무 것도 가져갈 필요조차 없다. 절에 참배하는 사람을 여러 가지로 대접하고 시중드는 일만으로도 충분히 공덕을 얻을 수 있다. 하물며 사원의 건설에 직접 관계할 수 있다면 그 공덕은 헤아릴 수 없을 만큼 크다고 할 수 있다.

타이의 사원 안에 가장 중요한 장소에 '시마'라는 정화구역이 있다. 상가의 중요한 의식인 '득도식(得度式)', 즉 새로운 출가자의 입문식은 계율에 따라 반드시 이 정화구역 안에서 행하여야 한다고 정하고 있다. 매월 보름과 초하루 날에 하는 지계반성(持戒反省)의 의식을 행하는 것도 역시 이 '시마' 안이다. 상가에서 가장 중요한 의식으로 여기는 '득도식'과 '지계반성의 의식'을 이 '시마' 안에서 거행한다는 것은 이 정화구역이 그만큼 중요하다는 것을 나타낸다.

타이에 사원의 수가 많아도 그 모두가 시마를 갖추고 있지는 않다. 예컨대 필자가 일찍이 조사한 동북부 타이의 한 부락의 사원에는 시마가 아직 없었다. 조사를 시작한 시점에서는 앞으로 시마를 설정할 본당의 구역 외벽이 막 완성된 상태였다. 다만 시마를 설정하려는 주민의 정열은 그 마을의 경제력에 걸맞지 않을 정도로 강렬하여, 4년에 걸친 조사기간 중 시마가 설정되는 본당이 점차 그 형태를 갖춰가는 모습은 장관이었다.

마을을 방문할 때마다 이번에는 지붕을 얹었다, 이번에는 마루를 만들었다, 황금빛 불상을 들여왔다고 마을 사람이 자랑스레 말하는 것을 보고 깊은 감명을 받았다. 일반적으로 시마의 신설은 그렇게 자주 행할 수는 없다. 그 때문에 시마를 설정하는 의식에 참여한 사람은 자신이 운이 좋다고 기뻐한다. 일곱 번이나 시마를 설정하는 의식에 참여할 수 있다면, 그 공덕으로 천계(天界)에서 재생을 약속받는다고 믿고 있을 정도이다.

탐분의 여러 모습

 가장 일상적으로 보는 '탐분'의 모습은 아침 일찍 집집마다 돌아다니는 탁발승에게 식사를 바치는(寄進) 것이리라. 수도권 등 세속화가 빠르게 진행하는 지역에서는 공양자의 수가 상대적으로 감소하고 있다. 하지만 탁발승이 하루의 시작을 알리는 아침의 풍물시(風物詩)는 그 모습이 여전하다. 동북 타이의 농촌 등에는 탁발과 함께 부락민이 윤번제로 매일 아침 사원에 식사를 바치는 관행이 아직 남아 있다. 식사 공양은 출가자가 각자의 수행에 전념할 수 있도록 하기 위한 기초조건을 확보하는 것이며 큰 공덕을 낳는 행위로 여겨진다.
 매년 우기(雨期)가 끝나면 승려에게 카티나 옷(衣)이라는 황의(黃衣)를 바치는 관행이 있는데, 이것은 멀리 고대 인도에서 비롯된다. 1달 가까이 계속되는 카티나 의식은 농한기에 즈음하여 행해지는 바, 각지의 사원을 향하여 버스나 배를 장식한 카티나 행렬이 줄을 잇는다. 현재는 황의뿐만 아니라, 카티나 옷을 바치는 기회를 이용하여 사원에 부족한 여러 가지 물품을 기부한다. 식이 열리는 당일 사원을 방문하면, 황의 주위에 선풍기·냉장고·텔레비전 등 가전제품이 산처럼 쌓여 있는 광경을 흔히 볼 수 있다.
 물론 사원을 건립하여 이를 상가에 바치는 일은 극히 커다란 공덕이 된다. 역대 국왕이 왕실의 비용을 아낌없이 사용하여 장대한 사원을 건설하는 것도 이러한 공덕을 겨냥한 것이다. 사원을 고치는 쪽보다 새로 짓는 쪽이 공덕이 크다고 하여 왕은 새로운 사원을 건설하는 데 정열을 쏟았다고 한다. 그렇지만 왕이 사원을 고친 경우도 있으며, 그로 인해 사원의 이름이 붙여져 오늘날까지 전해 내려오는 예도 있다. 사원의 건설은 분명 커다란 공덕행이지만 모든 사람이 할 수 있는 일은 아니다. 그래서 마을 단위의 사원 건설에 사람들은 노력봉사라도 애써 하려고 하는 것이다.

타이 북부나 라오스에서 성행하는 '코프라사이'라는 관습은 사원 건립이 초래하는 공덕이 크다는 것을 증명한다. '코-'는 '세운다'를 뜻하고, '사이'는 '모래(砂)'를 의미한다. 즉 모래로 불탑을 만들고, 그 후 그 모래를 사원에 기진하는 관습이다. 이 모래를 사원의 경내에 깔아 우기(雨期) 등에 길이 질퍽할 때 승려의 발이 젖지 않도록 한다. 그 전에 모래로 불탑의 형태를 만드는 것은 사원을 지어 바칠 재력이 없기 때문에 적으나마 불탑의 형체만이라도 공양하려는 농민의 마음을 나타낸다.

그리스도교나 신도(神道) 등과 달리 상좌불교는 승려가 결혼에 관계하는 것을 계율로 금하고 있다. 일반적으로 결혼은 속인만이 행하고, 주례는 참가자 중 연장자가 행하는 것이 보통이다. 그러나 역시 불교를 빼고서는 결혼하여 생활이 안정되지 않을까 염려하여 결혼식 당일 오전 중에 승려를 초청하여 독경하고 식사를 공양하는 경우가 많다. 이것은 인생의 고비에 해당하는 중요한 의식을 행하기 전에 먼저 '탐분'을 행하여 공덕을 쌓는 것을 목적으로 한다.

승려를 불러 독경하고 식사를 공양하는 관습은 결혼식에만 있는 것이 아니다. '정월(正月)의 탐분' '신축(新築) 축하 탐분' '개점(開店) 축하 탐분' '생일 축하 탐분' 더욱이 자식의 해외유학 등 기회만 있으면 탐분을 행한다. 이것은 일을 시작하기 전에 먼저 탐분을 행하고 공덕을 쌓아 일이 잘 성사되도록 바라는 취지이다. 옛날에는 오후에 승려를 불러 독경을 듣고, 그 다음날 식사를 공양하는 것이 보통이었다고 한다. 독경이 길면 길수록 공덕의 양이 많다고 생각하였기 때문일 것이다. 일에 쫓기는 요즈음, 특히 도시에서는 시간을 낼 여유가 없기 때문에 현재와 같은 형태가 정착되었다고 생각된다.

이처럼 모든 재가자의 종교활동이 '공덕을 쌓는다'는 한 곳에 집중하게 되자, 정통적 교의에서는 미처 생각하지도 못한 문제가 생기게 된다. 바로 출가하는 것 자체를 '탐분'으로 여기는 사상이 나타났던 것이다. '득도식'에 참가하는 것은 커다란 공덕을 얻는 행위가 된다. 부모가 자기 자식을 출가시키는 것을 최대의 '탐분'으로 생각하는 것도 이 사상의 연장으로 볼 수 있다. 자신의 출가도 역시 탐분의 일종으로 생각한다.

이러한 주장에 접하면 그 정통교리로부터의 심한 일탈(逸脫)에 당황하지 않을 수 없다. 그도 그럴 것이 출가는 원래 '탐분'사상이 근거하고 있는 윤회적 생존 그 자체를 극복하는 데 목적이 있기 때문이다. 그러나 현실에서는 많은 출가자가 자신의 출가 동기를 '탐분'이라고 답한다. 특히 매년 우안거(雨安居)의 기간 등에 극히 짧은 기간(예컨대 10일이나 2주간)을 출가하는 사람 가운데 이러한 대답을 하는 사람이 많다. 사실 사람들은 사마네라(沙彌)가 되는 것은 어머니에게, 비구가 되는 것은 아버지에게 최대의 효행이라고 믿고 있다. 만약 이미 부모가 돌아가신 경우에는 출가하여 생긴 공덕은 명계(冥界)의 부모에게 돌아가 그 '푼냐'를 증대하여 더욱 행복한 삶으로 태어난다고 믿는다.

이와 같은 신념은 상좌불교를 구조적으로 뒷받침하는 튼튼한 기반으로서 자세히 검토할 가치가 있다. 우리는 앞에서 불교의 정통적 교리가 주지주의적이고, 합리적이며, 자신의 노력만이 '구제'를 이룰 수 있다는 엘리트 지향의 종교라는 점을 살펴보았다. 그렇지만 그것은 그대로는 세속의 범인에게 매력적이지 못하다.

만약 상좌불교가 이와 같은 냉철한 교리만을 설교하는 종교였다면 오늘날처럼 융성하지 못하였을 것이다. 상좌불교가 오늘날 여전히 사람들의 마음을 사로잡아 번영을 누리는 것은, 이른바 겉으로 내세우는 종교와 함께, 민중들이 쉽게 이해하고 매력을 느끼는 내용을 갖추고 있기 때문이다. 그 첫째가 공덕을 쌓음으로써 현세와 내세에서 행복을 얻을 수 있다는 사상이다. 지금 '현세와 내세'라고 말했는데, 이것은 전통적인 문맥에서 자주 사용되는 관용구이다. 거기에는 윤회전생을 반복하는 이른바 '미망(迷妄)의 생애' 속에서 상대적인 행복을 추구한다는 뜻이 포함되어 있다. 그것은 '현세'를 포함함으로써 '내세'의 행복만을 추구하는 비관론에 빠지지 않는다는 점에 주의해야 한다.

둘째로, 공덕행의 대상이 오로지 상가에 향하고 있다는 점이다. '복전사상'은 상가를 '복전'으로 규정함으로써, '푼냐'를 얻기 바라는 민중들을 모두 상가와 그 유지에 관심을 쏟게 하는 데 성공하고 있다. 그 결과 비생산적이고 제3자의 물질적 지원 없이는 존재할 수 없는 상가는 강력한 지지자를 얻게 되었다. 셋째로, 출가하는 일조차 역시 '탐분' 즉 '공덕을 낳는 행위'로 파악함으로써 상가는 표면상 엘리트뿐만 아니라 윤회적 질서에 미련을 갖는 일반 사람들을 그 성원으로 받아들일 수 있었다.

현대의 상가는 황의를 걸치고 삭발하는 외관으로는 구별이 가지 않지만, 그 동기에서는 완전히 이질적인 성원을 갖고 있다고 할 수 있다. 달리 표현하여 현대의 상좌불교는 '열반지향형'과 '공덕추구형'이라는 두 가지 종교적 요소로 구성되어 있다고 해도 좋을 것이다. 얼핏 보아 반대되는 두 종교가 서로 강고하게 결합하고 보완함으로써 상좌불교는 안정되게 그 생명을 이어가는 것이다.

주술적 불교

공덕은 확실히 현세를 포함한 미래의 행복을 보증해 줄 것이다. 그러나 그것이 일상생활에서 종종 부딪치는 '당장'의 위험과 '여기에서'의 문제를 해결하는 데 반드시 효과적이라고 할 수는 없다. 내일 거래는 어떻게 될까. 지금 자리에 누워 앓고 있는 사람의 병을 어떻게 회복시킬까. 오늘 시험을 어떻게 잘 치를까. 이처럼 우리들 주위에는 시급히 해결해야 할 문제가 가득 차 있다. 그래서 촌각을 다투고 어려움에 처한 사람에게 먼 훗날 자력구제나 공덕의 효용을 설교해도 만족을 줄 수 없다. '당장, 이곳'에 좋은 운이 따라 문제가 해결되기를 바랄 때 사람들은 자주 초자연적인 힘을 생각한다. 괴로울 때의 신이고, 급할 때 하느님 찾기이다. 상좌불교도 역시 이러한 '주술적 요소'에 부응하는 수단을 준비하고 있다.

예로부터 이러한 목적으로 소리내어 외는 경전이 잘 알려진 '호주경전(護呪經典)'이다. 스리랑카에서 '피릿트'라 부르는 이 주술적 의식은, 아마 6~7세기 대승불교의 영향이 이 섬에 미쳤을 때 형성되었을 것이다. '피릿트'는 상좌불교가 동남아시아로 퍼질 때 함께 보급되었다. 미얀마에서는 '파레이' 혹은 '파레이지'라고 부르고, 각각 바라는 내용에 따라 소리내어 외는 경전도 정해져 있다. 예를 들어 전염병이 발생할 때에는 《보경(寶經)》, 뱀이 떼지어 나타날 때는 《온호주(蘊護呪)》, 낫(nat) 즉 정령(精靈)을 두려워 할 때는 《자경(慈經)》을 외도록 권한다. 이 밖에 형사상의 재난·화재·전화·난산 등 모든 위기에 대처하기 위해 '파레이'를 준비하고 있다.

'호주경전'을 타이 인은 '파릿트'라 부른다. '파릿트'에 대한 타이 인의 관심도 또한 미얀마나 스리랑카에 뒤지지 않는다. '파릿트'는 여러 경우에 외우는데, 특히 타이 인에게 친숙한 것은 성사의례(聖絲儀禮, 사이 싱)와 그것에 따른 '파릿트'의 송창(誦唱)일 것이다. 이것은 일종의 성화(聖化)의례이다. 먼저 신성한 백색 목면실의 한쪽 끝을 불상에 둘러매고, 또 한 끝을 성화하려는 대상물, 예컨대 새로 지은 집 등의 주위에 빙빙 돌린다.

남은 실로는 이를 끌어당겨 물을 채운 탁발용 발우를 거쳐 자리잡은 몇몇 승려의 합장한 손에 각각 붙들게 하여, 시주(施主)의 간청으로 승려들이 '파릿트'를 송창한다. 불상과 승려에 의한 '파릿트'의 송창으로 이 성스러운 백색 실이 닿는 모든 것이 신성하게 된다는 것이다. '파릿트'로 신성하게 된 건물은 악령도 이를 무서워하여 감히 접근하지 못한다고 한다.

'파릿트' '파레이' '피릿트'는 모두 팔리 어의 '파릿타(paritta)'에서 유래한다. '파릿타'는 또한 산스크리트 어의 '파리트라나(paritrāṇa)' 즉 '(무언가)로부터의 보호, (무언가에 대한)예방'과 관계가 있다. '호주(護呪)' '호경(護經)'이라는 번역은 이러한 어원을 반영하고 있다. 위기에 처한 사람이 합리적 수단으로는 해결이 어렵다고 느낄 때, 그는 종종 주술적 수단을 써서 그 불안을 해소하려고 한다. 이것은 미개인뿐만 아니라 근대인에게서도 그대로 볼 수 있다고 인류학자는 지적한다. '파릿타'는 상좌불교의 주술적 측면을 대표한다고 해도 좋다.

상좌불교는 윤회적 생명에서 고(苦)의 절대적 극복을 자력으로 실현하는 것을 정통적 교의로 생각한다. 하지만 상좌불교는 복전사상을 채용함으로써 윤회적 생존을 긍정하고, 그 속에서 행복의 증대를 기대할 수 있는 길을 열어 놓았다. 그리하여 '달인의 종교'와 '대중의 종교'를 함께 결합함으로써 강고한 존재기반을 확립하는 데 성공하였다. '주술적 불교'는 이러한 대중적 기반을 더욱 확대하는 데 기여하고 있는 것으로 보인다. '열반지향형 불교'를 '공덕추구형 불교'와 '주술적 불교'가 지탱하는 구조, 이것이 상좌불교가 지속적으로 살아남는 기반이다.

지금까지의 서술에서 본래 강한 엘리트 지향의 상좌불교가, 각각 역사적 과정 속에서 강고한 민중적 기반을 구축하는

데 성공하고 있는 상황을 살펴보았다. 그러나 이만큼 다양한 요구에 응할 수 있는 장치를 발전시킨 상좌불교에서조차 그칠 줄 모르는 민중의 종교적 욕구를 완전히 만족시키고 있지는 않은 것 같다. 그것은 스리랑카나 동남아시아 여러 상좌불교 국가에서 여러 형태의 민간신앙이 불교와 함께 존속하고 있는 것을 보면 분명히 알 수 있다. 다음 절(節)에서는 이러한 불교 국가에 남아 있는 비불교적 신앙을 검토하여, 그것이 민중들 차원에서 어떻게 불교와 공존하고 있는가를 살펴보기로 하자.

제6절 · 신(神)신앙과 상좌불교

스리랑카의 옛 도시 캰디와 감포라의 중간 근처에 14세기에 창건했다고 전하는 랑카티라카 사원이 있다. 이 사원은 일견 스리랑카의 다른 사원과 비슷해 보이지만, 안으로 들어가면 매우 독특한 구조라는 것을 알 수 있다. 정면의 입구에 들어서면 두 개의 전실(前室) 사이 안쪽에 본당이 있고, 거기에 거대한 붓다의 좌상이 안치되어 있다. 본당으로 통하는 입구가 없어 처음에는 알 수 없었으나 실은 이 본당은 세 방면이 복도로 둘러싸여 있다. 밖으로 나와 보면, 이 복도에는 다섯 개의 문이 있고, 각각 하나의 신께 제사하는 사당으로 통해

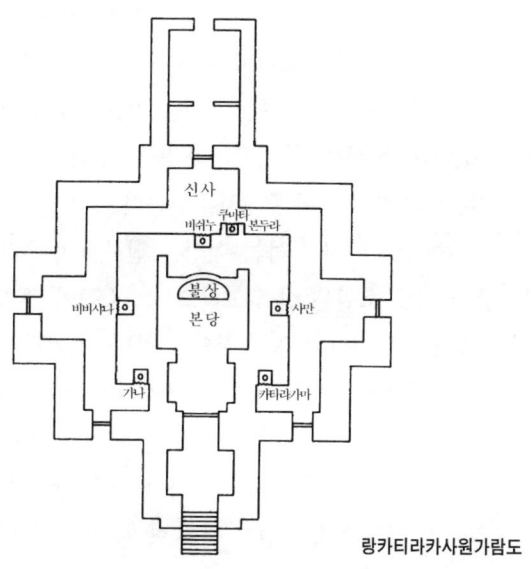

랑카티라카사원가람도

있다.

현재는 나중에 추가된 신을 포함하여 5개의 사당에 여섯 신을 모시고 있다. 즉 주신(主神)인 비쉬누 신, 서쪽 수호신 사만, 남쪽 수호신 카타라가마, 동쪽을 지키는 비비샤나 신, 북쪽의 수호신 가나 신이 바로 그것이다. 랑카티라카 사원은 붓다를 모신 본당 주위에 세 방향으로 수호신의 사당을 배치하여 그 전체가 하나로 종합된 특이한 사원건축을 보여준다.

스리랑카 민중불교의 상황을 보면, 싱할라 어(語)로 데바라

제1장 개설 | 57

야라 부르는 신사(神祠)가 민중들의 종교생활에서 불교와 함께 중요한 위치를 차지하고 있다고 많은 연구자들은 지적하고 있다. 불교도인 민중이 신사를 방문하는 것은 오로지 현세적 이익 때문이다. 신사에는 '카프라라'라는 제사장이 있어 참배자의 희망에 따라 신과의 중계역을 맡는다.

예를 들어 자식을 낳지 못하는 여성은 신사를 방문하여 카프라라를 매개로 소원을 신께 고하고, 그 소원이 성취되는 날에는 공양을 바친다는 뜻의 서약을 한다. 데바라야는 대개의 경우 사원의 경내에 있든가 그 근처에 있다. 사원을 찾는 민중은 동시에 데바라야를 참배하는 것이 조금도 이상한 일이 아니다. 그 둘이 함께 공존하는 것은 당연하다. 그것을 건축에서 극적으로 표현한 것이 랑카티라카 사원이다. 여기에서는 사원과 신사가 한 지붕 밑에 있다. 다만 여기에서도 본당에서 신사로 통하는 통로가 없다는 점을 기억할 필요가 있다.

그 둘은 벽으로 명확히 구분되어 있다. 신사의 의식에 승려는 전혀 관여하지 않는다. 거기에는 카프라라라는 전문 제사장이 별개의 종교적 역할을 수행하기 위해 상주하고 있다. 양자가 공존하는 장(場)은 민중들 한 사람 한 사람의 가슴 속에 있다. 여기에서도 그 둘이 서로 섞이는 경우는 없다. 완전히 다른 기능을 갖는 두 개의 종교가 병존하고 있는 것이다. 싱크리티즘(syncretism)의 어원인 그리스 어의 슌크레티스모스는, 공동의 적에 맞서기 위해 크레타의 여러 도시가 결성한 연합을 의미했다고 한다.

스리랑카의 사원(비하라야)과 신사(데바라야)의 공존은 다양한 종교적 희망을 지닌 민중의 요구에 응하기 위해 결성된 '연합'이다. 그러나 만약 싱크리티즘이라는 말이 각 구성요소의 주체성을 손상하는 인상을 주었다면 그 용법은 틀리다고 할 수 있으리라. 양자는 그 '연합'으로 자신의 주체성을 조금도 손상받지 않는다. 위에서 본 랑카티라카 사원의 구조는 이 점을 상징하고 있다.

미얀마 인은 '낫트(nat)', 더 정확하게는 '낫'이라 불리우는 고유한 '신'을 믿고 있다. 대개 구미(歐美)연구자는 '낫'신앙을 '정령숭배(애니미즘)'라 부르고 불교보다 낮은 신앙으로 파악하고 있다. 그러나 이것은 서구 그리스도교적 편견이라 할 수 있고, 다신교도인 일본인은 '스피리트(spirit)'보다 이것을 '신(神)'이라 부르는 쪽이 알기 쉽다. 예컨대 이라와지 강 중류의 옛 도시 파간 근처에 있는 포파 산에는 가정의 가장 중요한 수호신인 '민 마하기리'가 있다고 믿고 있다. 미얀마 인 불교도 가정에는 동쪽 방향에 불단이 있고, 동시에 방 입구 반대쪽 구석 기둥에는 가정의 수호신을 상징하는 코코야자를 놓고 물과 꽃을 바치고 있다.

타이의 토지신은 '상 프라품'이라는 주상사(柱上祠)에 모셔진다. 이것은 석유통으로 만든 조악한 것에서 방콕의 대리석

사원을 본뜬 호화로운 것까지 여러 가지 형태가 있는데, 집 마당 한구석에 설치하여 꽃과 물을 올리고 있다. 아무리 근대적 건축이라도 이 주상사를 빼놓지 않는다는 사실은, 타이 인이 토지신에 대해 얼마나 뿌리깊은 신앙을 가지고 있는가를 잘 보여준다.

이 주상사를 외국인은 '피 하우스' 등으로 부른다. '피(phii)'를 사전에서 찾으면 '신령 · 정령 · 유령 · 도깨비'로 나와 있다. 현대 타이 어에서는 '도깨비'라는 의미가 강해져서 종종 오해를 부른다. 그러나 '피'는 원래 미얀마의 '낫'에 가까운 '신(神)'으로 번역해도 무방할 내용을 지니고 있었다. 오늘날에도 마을의 수호신을 의미하는 '피 방'이나 가정의 수호신인 '피 루앙' 등의 말에 원의(原義)가 남아 있다.

맺음말

이 책은 동남아시아 대륙부를 중심으로, 약 1억인의 신도를 갖고 있는 상좌불교의 현상을 종합적인 시각에서 해설하는 것을 목적으로 한다. 여기에서는 베트남, 싱가포르나 도시의 중국계 주민이 신봉하는 대승불교에 대해서는 간략히 서술하였다. 이것은 유사한 책이 없는 현실에서 초점을 상좌불교로 좁혀 별로 알려지지 않은 이 불교의 전체상을 가능한 한다각적으로 부각시키려고 했기 때문이다. 그 때문에 현지에서 오래 거주한 경험과 풍부한 현장작업의 경험을 지니고, 게다가 미얀마 어, 타이 어 등 상좌불교 문화권의 언어에 숙달한 연구자에게 집필을 부탁하였다. 어떤 논문에서든 문헌만의 지식으로는 얻을 수 없는 생활자의 향기가 물씬 풍기는 것은 이러한 집필자의 경험을 반영하고 있다.

이 '개설' 논문은 이 책 전체의 서론에 해당한다. 이 논문 속에서 필자는 스리랑카에서 발전한 상좌불교라는 불교의 일파가 동남아 대륙부로 그 영향력을 확대해 가는 역사적 과정을 고찰하였다. 그리고 그 역사적 과정에서 상좌불교가 외래적 요소나 토착적 요소를 수용하면서 민중의 마음에 확실히 뿌리내려 그들의 가치관을 형성하기까지 성장하는 모습을 살펴보았다.

필자의 출발점은 다음과 같은 문제의식에 있었다. 즉 일찍이 서구학자가 '달인의 종교'라 불렀던 엄격한 교의를 지닌 엘리트적 종교가 어떻게 해서 민중의 마음을 사로잡을 수 있었을까 하는 점이다. 필자는 불교를 배우고 지역연구에 들어갔던 것이 아니라, 지역연구를 실천하는 과정에서 생긴 의문을 풀기 위해 불교연구에 들어갔다. 그래서 필자에게는 불전보다도 먼저 항상 불교도라고 스스로 확신하는 거대한 무리의 사람들이 있었다. 그러한 현실과 마주할 때, '바람직한 불교의 모습'과 '있는 그대로의 불교의 모습' 사이에 가로놓여 있는 커다란 간격을 어떻게 메울까 하는 것이 필자에게 주어진 첫째 과제였다. 그 상황은 현재도 역시 계속되고 있다.

이 장에서 윤곽을 그린 상좌불교는 최근 급격한 속도로 각지를 휩쓸고 있는 근대화의 폭풍우 앞에 직면하고 있다. 그 폭풍우는 예컨대 캄보디아의 폴포트처럼 상좌불교를 포함한 전통적 가치를 완전히 부정하려는 과격한 것도 있었다. 거기에서 불교는 실로 수난의 세월을 경험해야만 하였다. 캄보디아만큼은 과격하지 않지만 도시를 중심으로 진행하고 있는 사회변화는 전통적인 상좌불교의 존재형태를 크게 동요시키고 있다. 타이를 하나의 사례로 하여 이러한 변화에 대처하는 불교 쪽에서의 대응을 살펴보는 것은 다른 나라의 비슷한 현상을 이해하는 데 도움이 될 것이다.

우리는 민중의 상좌불교에 대한 관계를 '공덕추구형 불교'와 '주술형 불교'라는 두 가지 측면에서 파악하였다. 대개 불교 대중의 종교의식과 종교실천이 이 단계에 머무르고 있는 것은 사실이다. 그러나 이와 같은 불교의 '민중화'의 형태를 탐탁하지 않게 여기고, 더욱 순수한 형태로 불교를 실천하려는 욕구가 대도시뿐만 아니라 농촌에서도 발생하고 있다. 우리는 이러한 흐름이 불교계에 새로운 운동을 일으키고 있다는 사실을 주목한다.

그 선구적 역할을 수행하며 현재 도시의 지식층을 중심으로 여전히 커다란 영향을 주고 있는 것이 풋타타트 비구이다.

그는 타이 남쪽 챠이야를 본거지로 하여 대승불교의 영향조차 과감히 수용한다는 진보성을 보이면서 활동을 계속하고 있다. '과격한 보수주의'라고 부르는 그의 활동은 불교는 그 근원으로 거슬러 올라감으로써 도리어 근대세계에 과격한 영향을 준다는 신념에 근거한다. 그는 숲속에 소박한 암자를 짓고, 하루 한끼의 식사를 원칙으로 삼아 배우고 명상한다.

풋타타트의 불교는 그의 정력적인 집필활동으로 전국에 걸쳐 폭넓은 지지층을 확보하고 있다. 그래서 이미 30여 년이 흐른 오늘날 점점 그 영향력이 확대되고 있다. 그는 보수파 불교가 '파릿타' 등의 의례(儀禮)에 치우쳐 그 생명력을 잃고 있다고 통렬히 비판한다. 이 풋타타트의 영향을 받아 '상티아소크'라는 새로운 교파를 일으킨 자가 프라 포티라크라는 승려이다. '상티아소크'는 한때 급속히 지명도를 높였다. 왜냐하면 신봉자의 한 사람이 파격적인 시민형 선거로 방콕지사 선거에서 승리를 거둬, 현직지사가 되고 나서도 금욕적 생활을 깨지 않고 그 종교성을 행정에 살리려는 여러 가지 시도를 계속하였기 때문이다. 그러나 지도자 프라 포티라크가 너무 과격하게 상가 지도부를 비판하자, 그는 탄압받다가 마침내 강제 환속당하고 만다. 그래서 '상티아소크'는 지도자를 잃게 되어 운동은 전성기의 세력을 잃고 있다.

도시에서의 급격한 사회변화는 주민의 스트레스 증대와 정신의 불안정을 초래하여 여러 가지 종교운동을 낳는 계기가 된다. 이러한 상황은 타이에서도 방콕을 중심으로 발생하고 있다. 명상법의 유행이 그것에 대한 하나의 해답을 주고 있다고 할 것이다. 독자적인 명상법의 수행도량으로 국제적으로 유명한 '탐마카이' 운동도 역시 이러한 경향을 보이는 것으로 지지층을 점차 확대하고 있다. 이 운동은 왓트 파크남 주지스님이 시작하였다.

방콕 근교의 광대한 토지에 중심사원과 수행도량을 가진 이 교파는 앞의 '상티아소크'와는 반대로 극히 체제 순응적이다. 이 교파는 정부 고관의 전면적 지지를 받는 등 정부의 직간접적인 지원을 받아 활동하고 있다. 수천명의 청년남녀가 광대한 정원에서 집단적인 명상법 훈련을 받고 있는 상황은 장관이다. 이것 역시 전통적 불교에서는 반드시 강조하고 있지는 않는 명상법(좌선)을 장려함으로써, 그 교의를 현대인의 종교적 욕구에 부합시킨 것이라 할 수 있다.

명상법의 보급은 도시에 한정되지 않는다. 특히 예로부터 명상법의 수행이 성하여 저명한 승려를 배출하고 있는 동북타이에서는 '왓트 파'라는 새로운 종교운동이 벽촌에까지 미치고 있다. '왓트 파'는 '숲속의 절'을 의미한다. 이는 '도시부(都市部)'와 '삼림부(森林部)'라는 불교의 전통적인 2계통에 대응하는 것으로, 교학보다도 오히려 명상법을 중심으로 하는 종교실천을 강조한다. 인구 1,000명 정도의 조그만 마을이 원래부터 있는 전통적 사원에 더하여 새로운 '왓트 파'라는 사원을 짓고, 마을의 종교적 지도자를 중심으로 열심히 좌선을 수행하고 있다는 보고가 있다.

이상은 종래의 전통적인 불교에 불만이 생기는 사회상황 속에서 상가측이 새로운 종교적 요구에 대응하여 그 방향이 재가불교도의 지지를 받아 발전하고 있는 사례이다. 그러나 상가는 반드시 이러한 재가의 욕구에 모두 부응하지는 못한다. 예컨대 상가의 구성원이 모두 남자로 되어 있는데 사실 이를 변경하기가 매우 곤란하다. 최근 '메치'의 변화는 이러한 경직된 불교현상에 대해 여성 재가자 쪽에서 문제를 제기하는 것으로 볼 수 있다.

'메치'는 8계(戒) 내지 10계를 자발적으로 지킬 것을 결의하고, 스스로 삭발하고, 황의가 아닌 백의를 걸치고, 사원의 주위에 기거하며 자주적으로 수행생활을 하는 여성 수행자를 말한다. 현실적으로 메치는 비구니로 인정받지 못하고, 사원의 감독하에 있으면서도 그 사회적 지위가 높지 않다. 이것은 전통적 사회에서 메치를 가난한 여자 노인들의 일종의 은거수단으로 파악한 것과 관계가 있다. 최근 두드러진 변화는 메치의 연령이 낮아지고, 게다가 지식층에 속한 여성이 메치로 '출가'하는 현상이 발생하고 있다는 사실이다. 확실히 메치는 그 성격이 변화하고 있다.

이것은 상좌불교에 일어나고 있는 변화의 극히 일부이다. 아마 더 다양한 변화가 앞으로도 생겨날 것이다. 그 변화가 무엇을 의미하는지 정확히 파악하기 위해서도 상좌불교의 역사와 그 다양한 현상에 대해 이해해 두는 것이 중요하다. 이 책이 그러한 독자의 요구에 좋은 안내가 되기를 바란다.

참고문헌

奈良康明,《佛教史 I》(昭和五四年·山川出版社)
石井米雄,《上座部佛教の政治社會學》(昭和五○年·創文社)
　　　《タイ佛教入門》(平成三年·めこん)
前田惠學編,《現代スリランカの上座佛教》(昭和六○年·山喜房佛書林)
生野善應,《ビルマ佛教―その實態と修行―》(昭和五○年·大藏出版)
管沼晃·田丸德善編集,《佛教文化事典》(平成元年·佼成出版社)
Robert C. Lester, *Theravada Buddhism in Southeast Asia*. Ann Arbor: The University of Michigan Press, 1973.
Kanai Lal Hazra, *History of Theravada Buddhism in South-East Asia*. New Delhi: Munshiram Manoharlal Publishers, 1982.
Peter A. Jackson, *Buddhism, Legitimation, and Conflict:* The Political Functions of Urban Thai Buddhism. Singapore: ISEAS, 1989.
Richard Gombrich, *Theravada Buddhism:* A Social History from Ancient Benares to Modern Colombo. London & New York: Routledge & Kegan Paul, 1988.
S.J. Tambiah, *Buddhism and the Spirit Cults in North-east Thailand*. Cambridge : Cambridge University Press, 1970.
　―do―, *World Conqueror and World Renouncer:* A Study of Buddhism and Polity in Thailand against a Historical Background.

Cambridge: Cambridge University Press, 1976.

—do—, *The Buddhist Saints of the Forest and the Cult of Amulets*. Cambridge: Cambridge University Press, 1984.

Melford Spiro, *Buddhism and Society:* A Great Tradition and Its Burmese vicissitudes. New York: Harper & Row, 1970.

—do—, *Burmese Supernaturalism:* A Study in the Explanation and Reduction of Suffering. Englewood Cliffs: Prentice-Hall, 1967.

Hand-Dieter Evers, *Monks, Priests and Peasants:* A Study of Buddhism and Social Structure in Centural Ceylon. Leiden: E.J. Brill, 1972.

제 2 장

'고유'의 신앙과 불교

다무라 가쓰미(田村克己)

제1절 • 영혼관

동남아시아 상좌부 불교는 민중 차원에서 공덕(功德＝善德, 미얀마 어 kutho, 타이 어 bun) 개념을 중심으로 전개되고 있다. 사람들은 내면적인 깨달음에 의해 윤회로부터 벗어나는 것이 궁극적인 구제임을 알고 있다. 그러나 실제로 그들의 바람은 내세에서 더 좋은 상태로 다시 태어나는 데에 있다. 그것은 개개인이 가진 업(業, 미얀마 어 kan, 타이 어 kam)으로 결정된다. 업이 좋으면 내세는 더 풍요로운 지위로 다시 태어나거나, 혹은 인간계(人間界) 위의 천상계(天上界)에 태어날지도 모른다.

업이 나쁘면 내세는 더욱 비참한 지위로 전락하거나, 혹은 동물이나 아귀 등 인간 이하의 존재로 전생(轉生)할지도 모른다. 업의 좋고 나쁨은 그 사람이 살아 있는 동안에 얼마만큼 좋은 행위를 하여 공덕을 쌓는가와 얼마만큼의 악업(惡業, 미얀마 어 akutho, 타이 어 baab)으로 그것을 감쇄시키는가에 따라 정해진다. 공덕을 초래하는 행위는 계율을 지켜 불교도답게 생활하는 것인데, 더 효과적인 것은 붓다나 승원·승려에게 공양·보시(布施)하는 것이다. 나아가 일반인에게 희사하는 것도 바람직하다. 한편 악업은 생물을 죽인다든가, 거짓말을 한다든가 하는 계율을 파하는 행위이다.

윈니인과 레이바

필자는 일찍이 미얀마의 한 농촌에서 현지조사를 행하였다.[1] 여기에서도 마을 사람들은 내세를 원하여 열심히 공덕을 쌓는다. 연중의례나 통과의례 등 여러 가지 기회에 공양·보시가 반복되고, 대개 그 일부로서 승려나 많은 사람들에게 식사를 대접한다. 공덕은 행위자 개개인의 업에 보태지는데 그것이 다른 사람에게 이전되는 경우도 있다. 사람이 죽어 땅에 묻힐 때나 죽은 후 7일째 되는 날 승려를 불러 경을 읽고

---

1) 1979년부터 1980년에 걸쳐 미얀마의 고도(古都) 만그레의 서쪽 사가인 현의 한 농촌에서이다. 본론에서 서술하는 미얀마 농촌의 의례 등은 이 조사자료에 의한다.

보시를 행하는 경우 등이다.[2] 이때 공덕이 산 사람뿐만 아니라 죽은 사람에게도 전해져 더욱 좋은 지위로 태어나기를 꾀한다.

실제로 사람들은 종종 전생(轉生)의 '사실'을 말하는 소문을 전해 듣는다.[3] 이러한 경우에 마을 사람들에게 예컨대 누가 전생하는가, 어떤 것이 업이 되어 내세에 나타나는가, 혹은 언제 다음 존재로 다시 태어나는가 등을 물었다. 그러나 마을 사람들의 말은 동일하지 않다. 또한 때로는 분명한 답이 없이 서로 모순되거나 실제 행위에 어긋나는 경우도 있다.

불교의 교의는 모든 존재를 허망하다고 보기 때문에, 죽은 뒤에도 계속되는 혼과 같은 영적 존재나 초자아와 같은 것을 부정한다. 마을 사람들은 승려의 가르침을 통해서 또는 남자가 한 번은 승원에 들어가는 경우를 통해서 이러한 교리를 알게 된다. 어떤 사람은 기름은 육체이고, 그것으로 타는 불은 난(nan), 즉 마음·정신과 같은 것으로 본다. 그래서 기름이 없으면 불도 꺼지듯이, 죽음으로 인해 육체와 함께 정신적인 것도 소멸한다고 설명한다. 그러나 장례의식의 행위 가

---

2) 죽은 사람의 기일에도 행한다. 그러나 기일의 의례는 반드시 모두 언제나 행하는 것이 아니라 비교적 여유있는 사람이 하고 있다.
3) 필자가 들은 전생에 대한 이야기는 田村1991b.

운데 어떤 것은 분명히 교의와 모순되는 관념을 전제로 하고 있다.

예를 들어 매장할 때나 죽은 뒤 7일째 되는 날 승려가 경을 읽고 설법을 하는 자리에 죽은 사람의 옷가지가 놓여진다. 그것은 죽은 사람에게도 들려주기 위해서라고 한다. 사후 7일째의 의식을 할 때는 마을 밖 길에 바나나 잎에 음식을 놓는다. 죽은 사람에게 먹이기 위해서다. 또한 7일 동안은 죽은 사람의 집에서 밤을 새며 노름을 하는 관습이 있다. 죽은 사람을 위로하기 위해서라고 한다. 이와는 반대로 죽은 사람이나 그를 따라오는 도깨비를 막기 위해서라고 말하는 사람도 있다. 어쨌든 이러한 행위의 배경에는 죽은 뒤에도 육체 이외의 존재가 있다는 관념에 근거한다.

어떤 사람은 그런 것이 없다고 하고 다른 어떤 사람은 있다고 한다. 혹은 있는지 없는지 알 수 없다는 불가지론으로 대답하는 사람도 있다. 그러한 것이 있다고 하더라도 과연 어떠한 과정을 거쳐 전생해 가는 걸까. 이것에는 확실한 대답이 없이, 죽은 뒤 곧 전생한다는 사람도 있고, 죽은 뒤 무엇이 되고 어디로 가는지는 오직 붓다만이 알고 있다는 불가지론을 다시 들고나오는 경우도 있었다.

불교의 교의나 그것에 관한 언설의 혼란은 있으나 마을 사람들에게는 영혼을 가리키는 말이 있다. 그 하나가 윈니인(winnyin)이다. 이것이 전생(轉生)해 가서 다시 태어나는데 이전의 존재와 닮은 성격을 지니기도 하고, 얼굴 모습이나 피부색 등 외관을 닮게 하기도 한다는 것이다. 윈니인의 어떤 것은 하늘의 정령계(精靈界, nat-pyi)로 가고, 어떤 것은 하계(下界)로 가고, 또한 유령이 되는 것도 있다고 한다. 동물의 윈니인은 식욕-수면욕-성욕밖에 알지 못하기 때문에 좋은 곳으로 가지 않는다는 것이다. 더욱이 윈니인을 둘러싸고 마을 사람들의 설명은 가지 각색이다.

그것이 육체를 포함한 사람을 구성하는 다섯 가지 요소[4]의 하나라고 알고 있거나, 의지나 동기에 관계한다고도 한다. 또한 정신(nan)의 일부로서 지각(nantaya)과 상호 의존하고 있다든가, 혹은 난타야(nantaya)와 똑같다고도 한다. 윈니인은 마음(seit)이나 난타야, 혹은 다른 영혼개념인 레이뱌(leik-bya)와 마찬가지로 생명이기도 하다고 말하는 사람도 있었다.[5]

전생하는 것은 윈니인이 아니라 나비(蝶)라는 뜻을 지닌 영혼, 즉 레이뱌라고 말하는 보고도 있다.[6] 죽은 뒤 7일째에 승려를 불러 독경하는 것도 이 영혼을 편안한 곳으로 보내기 위해서라고 한다.[7] 레이뱌는 육체로부터 떨어져 떠돌아다니는

---

[4] 칸다(khandhā)라고 하고, 다섯가지 요소는 육체 · 지각 · 인식 · 동기 · 의식 (윈니인)이다. 이것들을 가리키는 말은 모두 팔리 어이다.
[5] 윈니인은 내장에 있다고 하는 사람도 있었다.
[6] Spiro 1967 : 69, 1970 : 85, Ba Han 1960 : 7. 그러나 나쉬는 윈니인이 전생한다고 기술하고 있다. (Nash 1973 : 302)

성질을 지닌다. 그래서 살고 죽는 것과 꿈, 질병의 이유가 된다. 생명은 레이뱌에 있고, 그것이 없어지면 죽음이다. 그것이 열린 문으로 나와 있을 때를 죽음이라 부른다. 잠들어 있는 동안 레이뱌가 육체를 떠나 떠도는 것이 꿈의 원인이 된다. 그것은 예전에 그 사람이 갔던 곳에 가는 것이 보통이지만, 길을 잃고 육체로 돌아오지 않으면 죽음이 된다.

방황하는 도중 악령에 씌이면 병이 생긴다. 그래서 무당을 부르고 밤에 마을 밖에 밥과 바나나, 절인 고기 등 공물(供物)을 놓고, 악령에 대해 레이뱌 대신 공물을 먹게 하여 사로잡힌 영혼을 놓아주십사고 빈다. 또한 어린 아이를 두고 부모가 죽은 경우, 레이뱌를 떼어놓는 의식을 하지 않으면 아이의 영혼은 부모를 따라간다고 한다. 배우자의 한 쪽이 죽고 남은 사람이 악령에 씌여 있는 경우도 똑같은 의식을 행한다.[8] 필자가 조사한 마을에서도 레이뱌를 떼어놓는 의식이 있다. 어머니를 여읜 어린 아이에게 바구니나 그물을 씌우고 물을 붓는다. 그것은 장례행렬이 묘지에 갔다 돌아올 때까지 행하는데, 이를 일러서 레이뱌를 그물에 가둔다고 한다.

쌍둥이도 한 쪽이 죽으면 위험하기 때문에, 그때 두 개의 바구니에 각각 손수건을 넣고, 살아 있는 쪽 바구니를 누군가에

---

7) Spiro 1970 : 85.
8) Shwey Yoe 1882 : 391~393.

게 팔려고 한다. 이 의식은 사체를 관에 넣기 전에 행한다. 또한 레이뱌와의 관계는 말할 수 없으나, 병을 치료하기 위해 음식물을 마을 밖에 놓고 악령이 먹도록 하는 의식도 행한다.

윈얀과 크완

윈니인과 레이뱌처럼 영혼을 가리키는 두 가지 말은 타이에서도 볼 수 있다. 윈얀(winyan)과 크완(khwan)이 그것인데, 크완을 둘러싸고 의례와 관념이 더욱 분명한 형태로 존재한다.[9] 크완은 생령(生靈)·수호신·생명소(素) 등 여러 가지로 이해하고 있다. 사람에게는 인체의 각 부위에 대응하여 32개의 크완이 있어 그들이 합쳐져 전체로서의 크완을 이루고 있다. 벼와 물소, 말, 코끼리 등 가축 그리고 가옥, 탈 것 등도 크완을 가지고 있다고 한다.

크완은 그가 사는 인체로부터 떠나는 성질이 있다. 그래서 사람의 경우 놀라거나 질병이나 나쁜 일이 있으면, 크완이 겁을 먹고 인체로부터 달아나 고뇌나 질병, 불행을 초래한다. 그렇기 때문에 이러한 상처입기 쉬운 크완을 붙들어매어 두기 위한 의식이 행해진다. 타이 중북부 등에서는 이를 '크완

---

9) 크완에 대해서는 Rajadhon 1962, Tambiah 1970 : 57~59;223~251, Heinz 1982. 및 綾部 1971, 동 1982, 130~142. 小野澤 1983.

에게 작용한다'는 의미로 탐 크완(tham khwan)이라 부른다. 동북 타이에서는 '크완을 불러 모은다'는 의미로 수 크완(su khwan)이라 한다.[10]

이 의식은 크완을 불러 모아, 의례(儀禮)를 받는 사람의 손목에 성스러운 실을 감아서 크완을 그 사람의 신체에 고정시키는 것이다. 이 의식은 결혼식, 득도식(得度式) 등 통과의례를 행할 때와 임신했을 때, 승려가 우안거(雨安居)에 들어가거나 여행, 입영 등 새로운 일이 있을 때 행해진다. 그리고 여행이나 공무에서 돌아오거나 석방되었을 때, 질병이 회복되었을 때, 또한 오래 우환이 계속되거나 불길한 일을 만났을 때 악운을 떨치기 위해 행한다.[11]

또한 신생아는 태어나 3일간은 정령 피(phii)의 자식이고, 4일째부터 인간의 자식이 된다고 한다. 태어나자마자 곧 죽은 아이는 피가 데려갔다고 생각한다. 그래서 이를 방지하기 위해 자식에게 동물 등의 이름을 붙이거나, 형식적으로 자식을 남에게 파는 관습이 있다. 피의 손을 떠난 아이에게는 크완이 머문다고 생각하여, 4일째에 성스러운 실을 손목에 감아서 크완을 묶어두는 의례를 행한다.

계속해서 생후 1개월째에도 크완을 강화하기 위한 의식을

---

10) 小野澤 1983, 306.
11) Tambiah 1970 : 224~226.

갖는다. 이때 아이의 머리칼을 자르는데, 이것은 크완이 사는 곳으로 정수리의 일부를 남겨 상투를 튼다. 이 상투는 9, 11, 13세 되는 어느 날 자르는데, 이때에도 크완의 강화의식이 행해진다. 이처럼 크완의 의식은 아이가 자라남에 따라 절기마다 의식을 갖고 득도식, 결혼식 때에도 이어진다.[12] 요컨대 크완은 사람이 살아가는 동안의 변천에 적극적으로 관여한다.

이에 대해 원얀은 죽어서 크완에 이어 육체를 떠나 전생해 가는 존재이다. 크완이 육체의 죽음과 함께 없어지는 것에 비해 원얀은 사람이 죽은 후의 운명과 변천에 적극적으로 관여한다.[14] 그래서 죽음에 이어지는 일련의 의식에서 원얀의 관념이 두드러지게 나타난다.[15] 제삿상에 원얀이 먹고 마시기 위한 음식 바구니와 물단지를 놓고 승려가 독경을 한다. 승려의 독경은 원얀이 하늘에 이르는 길을 일러주기 위해서라거나, 혹은 원얀을 포함하여 죽음으로 인해 뿔뿔이 흩어진 사람의 여러 요소를 모아서 재구성하기 위해서라고도 한다.[16]

장례행렬이 집을 떠날 때, 집에 있는 항아리나 사다리를 거꾸로 해 놓는 것은 원얀이 집으로 돌아오는 길을 찾지 못하도

---

12) Rajadhon 1961, 綾部 1971, 小野澤 1982, 131~132.
13) Tanbiah 1970 : 59, 223~224.
14) ibid : 58~59.
15) ibid : 180~191.
16) 사람을 구성하는 제요소의 관념은 미얀마와 똑같다. 주4 참조.

록 하기 위해서이다. 화장한 후에 집에서 하는 정화의식은 병이나 죽은 사람의 원얀을 쫓기 위해서라고 한다. 더욱이 화장한 후에 뼈를 모아 씻고, 항아리에 넣어 죽은 사람을 위해 공덕 쌓는 행위를 하는 것은, 현세로부터 죽은 사람의 원얀을 분리하여 내세로 보내는 것을 의미한다. 그래서 뼈를 넣은 항아리의 입구를 옷가지로 덮고 거기에 칼로 구멍을 내서 원얀이 나올 수 있도록 한다. 또한 뼈를 모을 때 승려에게 하는 보시에서는 바나나 잎에 음식물을 얹어 죽은 사람의 원얀에게 바친다.

의례의 제 요소

타이에서는 삶과 죽음을 대비하여 두 가지 영혼을 관념상으로 구별[17]하는 것을 볼 수 있지만, 미얀마에서는 그 구별이 그다지 명확하지 않다. 미얀마의 경우 원얀과 레이뱌가 더욱 호환적으로 사용되는 경우가 있고, 타이의 크완에 대응하는 레이뱌의 의식이 한정된 위기적 상황에서만 행해진다고 생각된다. 그러나 타이와 미얀마에서는 의례에서 비교할 것이 많

---

17) 캄보디아의 크메르 족의 경우 두 종류의 영혼은 프룽(pleung)과 두옹 케오(duong keo)이다. 전자는 벼와 사람에게 있고 전생한다. 후자는 타이의 원얀에 해당한다.(岩田 1968) 또한 크메르 족 등의 의례에 대한 상세한 보고도 岩田(1975 등)가 하고 있다.

고 거기에 비슷한 관념이 작용하고 있다.

두 나라 모두 장례에서 죽은 사람이 다음 존재로 무사히 더 좋은 형태로 보내지도록 여러 의례가 행해지고 전생하는 것으로서의 영혼이라는 관념이 존재한다. 영혼은 일련의 의례 기간 동안 장례 장소나 원래의 집 부근에 머문다고 생각하여 거기에 공양을 행하는 한편, 그것을 막기 위한 정화 수단이 취해진다. 타이에서는 사체는 악령을 끌어들이고, 죽은 후 곧 원얀이 위험한 힘을 가진 피(phii)가 되어 가까운 사람을 덮칠지 모른다고 한다.[18] 그래서 미얀마에서 7일 동안 매일 승려가 와서 독경하는 경우가 있는데, 그것은 정화하여 악령이나 죽은 사람의 레이뱌를 막기 위해서라고 한다.[19]

한편 사람이 살아 있는 동안에 받는 여러 가지 의례도 타이와 미얀마에서 비슷한 요소를 가지고 있다. 미얀마에서는 출산하여 7일째가 출산이 끝나는 날로 임부가 산실에서 나오는데, 이날 이후부터 킨분(khinbun)이라 하여 신생아의 머리를 씻는 의식을 행한다. 킨분은 아카시아의 일종으로 그 나무껍질은 일상 생활에서도 비누처럼 사용한다.[20] 의례는 정령 낫(nat)의 영적 매개자인 낫카도(nat-kadaw)를 집으로 불러, 그녀

---

18) Tambiah 1970 : 193.
19) Shway Yoe 1882.
20) 학명 Acacia concinna.

가 의례를 진행하는 경우가 많다. 그도 그럴 것이 생명의 탄생은 낫(nat)이 관장하고 있는데, 때로는 '서쪽의 왕비'라는 이름의 정령이 여기에 관계한다.[21]

의식은 먼저 낫에게 공물을 바치고 기원한 후 아이의 입에 죽을 머금게 하는 시늉을 한다. 그리고 아이를 흔들며 어머니가 절을 하고 주발에 넣은 모래에 아이의 다리를 앉힌다.[22] 이로써 아이는 낫카도로부터 어머니의 손으로 인도된다. 그것은 아이를 정령으로부터 사들이는 것을 의미하며, 그 대가로 생쌀 한 바구니와 정해진 액수의 동전을 마련한다. 계속하여 낫카도는 아이의 목, 발목, 손목에 실을 두르는데, 그것은 아이에게 좋은 일이 생기게 하기 위해서이다. 마지막으로 갓난 아이의 머리를 킨분을 담근 물로 씻는다.

이러한 일련의 의식에는 타이의 통과의례와 공통점이 많다. 신생아가 정령의 아이라는 관념이나 아이를 의례적으로 파는 행위 등이 그것인데, 미얀마에서도 어린 아이에게 여러 가지 이름을 붙이는 관습이 있다. 머리를 씻는 것도 타이의 삭발과 비교될 수 있는데, 무엇보다도 미얀마의 의례에서도 크완 의식과 똑같이 실을 두르는 일을 행한다. 그리고 동일한

---

21) 집 동쪽에 붓다를 모시듯이 동쪽은 신성한 방위이다. 이것에 대해 서쪽은 부엌이 위치한다. 산실(産室)은 집 서쪽에 설치된다.
22) 이 모래는 이른 아침 탁발 승려가 가는 길에 뿌린다.

의식을 득도식에서도 볼 수 있다.

득도식은 삭발하고 승원에 입문하는 의식에 앞서 행하는 의식이다. 보통 입문자(入門者)의 집 부지에 임시로 작은 집을 설치하여 의식을 행한다. 의례는 먼저 삼보(三寶), 양친이나 친척의 장로, 선생에게 예배하는 것으로 시작한다. 그리고 입문 지원자 및 천이식(穿耳式)을 받는 여자[23]에게 성수를 뿌린다. 이어서 남자의 머리와 여자의 손목에 실을 두르고, 그들 모두의 입에도 죽을 머금게 한다. 마지막으로 붓다와 상계(上界)-하계(下界)의 정령에 공물을 바치고 끝낸다.

의례를 하는 장소에는 바나나 줄기와 잎으로 만든 원추형 장식을 달아 공물을 준비한다. 이는 타이 득도식의 크완 의례에 있어서 의대(依代) 바이 시(bai si)와 관계가 있다고 할 수 있다.[24] 타이의 중요한 크완 의례의 전문적 집행자는 민간

---

[23] 득도식은 나중에 서술하듯이 성인식의 의미를 갖는다. 여자는 득도식을 받는 일이 없으나, 성인식에 해당하는 것으로 천이식(穿耳式)이 있다. 득도식과 같은 날에 행하고, 왕자의 의장을 갖춘 남자 입문지원자의 뒤를 따라, 여자들은 왕녀 모습으로 마을을 한 바퀴 돈다. 천이는 귓볼에 구멍을 뚫어 귀고리가 낄 수 있도록 하는 것인데, 반드시 의례하는 날에 행하는 것은 아니다. 그것은 여자가 장래 귀고리를 끼고 풍요롭게 살 수 있도록 기원하는 것이라고 한다.

[24] 바나나와 코코야자로 이루어진 공물을 가다오 페(gadao-pwe)라 부른다. 이것도 똑같이 부르나 원추형의 장식이 붙어 있는 점에서 통상 사용하는 것과 다르다. 이 장식은 불교-힌두교 세계관에서 타이의 바이

'브라흐만'인 프람(prahm)인데,[25] 지금 말한 미얀마 득도식의 의례를 집행하는 자도 흰 옷을 차려 입은 베이테이사야(beik-teik-saya)이다. 그는 '브라흐만'의 마지막 후손이라고도 하는데 힌두이즘의 의례적 지식이나 기술을 지닌 존재이다. 또한 시골 마을 등에서는 결혼식의 의례도 그가 집행한다.

이상과 같이 미얀마와 타이에서는 몇 가지 의례에서 공통된 요소를 갖는다. 그것들은 탄생 의례처럼 불교 의례와 관계없이 존재하는 것도 있지만, 득도식처럼 불교 의례의 일부를 구성하면서 불교 의례 그 자체와 시간과 공간을 달리하여 존재하는 것도 있다. 또한 장례식 등에서 보는 영혼에 관한 관념이나 행위는 본래의 불교 교의와 거의 상관없다. 그리고 타이에서는 별도의 영혼 관념에 근거한 의례가 발달하고 있다. 이것은 불교와는 별도의 신앙과 관념체계가 있다는 사실을 보여준다고 할 수 있다. 그것들의 존재방식에 대해 다음 절에서 따로 살펴보기로 하자.

시와 마찬가지로 세계의 중심에 있는 수메루 산(須彌山)을 상징하는 것으로 보인다.
25) 크완 의례의 전문가를 의미하는 모우크완(moukhwan)이라고도 부른다. 모우크완 또는 프람에 대해서는 Tambiah 1970 : 252~260, 小野澤 1983, 307.

제2절 • 정령제사

동남아시아 상좌부 불교 사회에서 불교와는 별도의 신앙으로 정령을 둘러싼 신앙이 있다. 미얀마의 낫(nat)이나 타이의 피(phii) 등에 대한 제사가 바로 그것이다. 이들 정령의 개념은 매우 폭넓다. 즉 애니미스틱(animistic)한 개념에 기초한 자연물 등의 여러 영(靈), 사람-집-친족집단-마을-도시-나라를 위시한 여러 가지 사물의 수호신, 사람에게 해를 끼치는 악령, 사령(死靈, 혹은 사체), 나아가 불교나 힌두이즘과 함께 들어온 천계의 여러 신에 이르기까지 광범위한 영적 존재를 포함하고 있다.

이러한 여러 영은 영혼과 마찬가지로 원래의 불교 교의에서는 허망한 존재로 여김에도 불구하고, 여러 가지 기회에 사람들의 생활에 관여한다. 특히 질병에 걸리거나 불행한 일이 닥쳤을 때, 혹은 무언가 바라는 일이 있을 때 사람들은 정령의 거처인 사당에 가거나 또한 정령을 불러모아 공물을 바친다. 이 정령에게 바라는 것은 현세적인 것이다. 이 점은 불교 의례에서 얻을 수 있는 공덕이 기본적으로 내세에 향하고 있다는 것과 대조적이다.

그렇지만 불교적 공덕을 현세적인 의미로도 이해하고 있기

---

26) 田村 1991a.

는 하다. 공덕을 쌓는 것은 현세에서 더욱 행복한 상태를 초래한다고 생각하기 때문이다. 그러나 그 효과는 일반적이고 간접적일 수밖에 없다. 왜냐하면 불교 의례는 언제, 어디서나 어떠한 사람도 똑같이 행할 수 있으며, 똑같은 의미 즉 공덕을 쌓는다는 의미를 지니기 때문이다. 거기에서는 개별적인 바람이 공덕이라는 일반적인 맥락 속에 묻혀져 간접적으로밖에 효과를 기대할 수 없다. 그렇지만 정령에 바라는 것은 개별적이고 직접적인 효과를 초래한다. 예컨대 어떤 질병으로부터 회복을 바라는 특정한 목적을 가진 개인은 무당이나 영적 매개자의 지시에 따라 정해진 정령에 대해 공물을 바친다. 그것은 해당 정령이 질병을 초래하는 근원이거나, 혹은 병의 원인을 제거하는 강한 위력을 지니기 때문이다.

한편 불교 의례에서 붓다에게 공물을 바치고 참배하는 것은 붓다가 지닌 절대적인 힘에 귀의함을 나타낸다. 그런데 정령에 바치는 공물은 이른바 어떤 목적이 실현되는 대가로 행해진다. 붓다의 힘이 초월적이고 사람의 힘이 미치지 않는 곳에 있는 것에 비해, 정령의 힘은 사람이 작용할 수 있는 곳에 있어 그때그때 바람에 응할 수 있는 것이다. 이처럼 정령에 대한 신앙은 불교와는 그 의미와 기능 면에서 서로 다르지만 사람의 생활 속에 일정한 위치를 차지하고 있다.

불교의 우위성

그런데 현재 정령에게 제사하는 사람들은 누구보다도 불교도이다. 필자가 조사한 미얀마의 마을 사람들은 정령에 대한 신앙이 회의적이었다.[27] 특히 남자가 그러한데, 그들은 낫(nat) 제사에 거의 무관심하거나 지식이 없어 거기에 참가하는 일이 없다. 그들은 때로 무당을 조롱하기도 한다. 이러한 태도는 정령의 실재를 부정하는 불교 교의에 근거하고 있으며, 또한 사람들이 믿는 종교적 위계에서 낫이 남성과 여성 사이에 있기 때문이다.

남성은 위치가 낮은 낫의 일에 관여해서는 안 되는데 관계하면 각자 갖추고 있는 덕(pon)이 없어진다고 한다. 도시의 지식인 중에는 낫 신앙이 '시대에 뒤진' '미신'이라는 인식을 갖고 있는 사람이 많다. 미얀마 어로 종교를 타다나(thadana) 혹은 바다(badha)라고 한다.[28] 전자는 특히 불교를 가리키는 데 사용하고, 후자는 접미어로 이슬람교나 그리스도교에도 사용하고 있다. 그러나 낫 제사는 바다(badha)를 붙여 말하는 법이 없다. 그리고 어떤 종교를 믿는가 하고 물을 때에도, 설

---

27) 田村 1987, 40. 같은 태도는 다른 조사자도 하고 있다.(Pfanner 1966 : 93, Nash 1973 : 170, Spiro 1967 : 252)

28) 팔리 어의 사사나(sasana)에서 유래한다.

령 열렬한 낫 신자라고 할지라도 낫 신앙을 꼽는 일이 없다.

미얀마에서는 '원망(願望)성취의 불탑(Hsutaun-pyi-paya)'이라는 불탑이 있다. 이름에서 알 수 있듯이 이 불탑에 가서 빌면 현세의 바라는 일이 뜻대로 이루어진다고 믿고 있다. 마을에 질병이 퍼지거나 유령이 침입했다고 생각하는 경우 승려를 불러 경문을 독송하는 의례를 행한다. 이때 마을 중심과 네 귀퉁이에 제단을 설치하고 각 가정에서 항아리를 가져오게 한다.

승려가 독경을 하면 항아리 속에 든 모래나 꽃(나뭇가지), 실(絲)에 주력(呪力)이 부여된다. 그리고 악령을 막기 위해 그 꽃을 집 울타리에 꽂고, 실을 집 주위에 둘러친다.[29] 새해나 죽은 사람의 제삿날에도 똑같은 의례를 행한다. 이 밖에도 붓다나 승려가 지닌 주력에 대한 신앙을 나타내는 일은 많다. 이것은 타이에서도 마찬가지인데 이러한 행위는 기본적으로 정령의 힘을 믿고 그것에 의지하는 것과 다르지 않다.

사람들은 바라는 일이 있을 때 정령이 있는 사당에 가서 기원한다. 또한 마을에 질병이 유행했을 때 영적 매개자가 마을의 수호신에게 공물을 올리기도 한다. 이처럼 똑같은 목적을 가지고 똑같은 주력의 관념에 의한 의례가 불교와 정령신앙의 어느 영역에서 행해지더라도 양자는 확연히 구별되고 있

---

29) 田村 1980. 117~118, 99.

다. 그리고 불교 쪽의 행위에 더욱 중요한 비중을 두고 있다. 왜냐하면 불교적 행위는 그 직접적인 목적이 현세적인 것일지라도 행위 자체에 공덕을 쌓는다는 내재적 가치가 있어 그것은 궁극적 목적인 내세의 존재에 관계하기 때문이다.

이것에 비해 정령의 의례는 현세에서 개개의 목적에 효용이 있는 데 불과하다. 양자의 차이는 공물에 대한 의미의 차이에서도 명확하다. 정령에 대한 공물은 이른바 소원성취의 대가로 바치는 것이다. 반면 불교의례의 공물은 붓다나 승려에게 바치는 기증이나 보시이지 교환 대가를 위한 것이 아니다. 하지만 그것은 공덕이라는 최고의 가치를 낳는다.

이와 같이 불교는 정령신앙에 대해 절대적 우위에 있다. 후자는 의례나 전설, 전문적 제사자(祭司者) 등을 가지고는 있지만 독자적인 교의 체계나 세계관을 갖는 것은 아니다. 교의 체계나 세계관은 불교에서 빌어온다. 이것은 민중 차원에서 불교에 정령제사가 편입되고 있다는 것을 의미한다. 사실 힌두이즘에서 유래하는 불교의 세계관에는 그러한 여지가 있다.

곧 인간계 위에 하늘의 정령 세계가 있고, 거기에 힌두 기원(起源)의 신들인 데바(deva)가 산다고 여긴다. 바로 타이의 테와다(thewada), 미얀마의 데와(deiwa)이다. 이들 여러 신의 존재는 불교의 세계관 속에서 정령의 존재근거를 제공하고 있다. 미얀마에서는 데바가 낫의 범주에도 들어가 있고,[30] 사람들의 인식상에서 '하계(下界)의' 정령도 천계의 여러 신과 연관된 것으로 보고 있다. 국왕이나 승려, 덕이 있는 사람들은 죽은 뒤 하늘의 정령계에 재생한다고 믿고 있다.

즉 국왕 등이 죽으면 낫피산(nat-pyi-san), 즉 정령계에 다시 태어난다는 것이다. 이것으로 알 수 있듯이 여기에서도 '하계의' 것이 천계의 존재에 연결된다는 생각을 볼 수 있다. 그러나 불교의 세계관 속에 자리잡고 있기는 하지만 '하계의' 정령제사에는 불교의 가르침에 반대되는 요소를 포함하고 있다. 예를 들어 타이에서는 제사에 동물을 공물로 바친다.

미얀마의 경우 동물의 희생은 볼 수 없지만 일부 제사는 음주나 성적 방종 등 향락적 분위기를 강하게 띠어, 생전에 음주나 도박을 즐긴 낫을 제사하는 반도덕적, 반사회적 요소를 포함하고 있다.[31] 그리고 무엇보다도 정령신앙은 불교의 가르침에서 부정하는 개개의 욕망을 긍정하고 그 실현을 꾀한다는 것이다. 이처럼 정령신앙은 불교의 세계관 속에 편입되면서도 여전히 모순된 점을 갖는다. 그래서 사람들이 정령에 대해 갖는 태도는 전체적으로 매우 애매하다.

어떤 사람은 정령에 관한 모든 것을 부정하고, 어떤 사람은

---

30) 타이에서도 테와다 피라고 부르는 경우가 있다.(Esteik 1982 : 3)
31) Spiro는 낫 제사가 이러한 향락적 분위기를 지니기 때문에 불교의 금욕적인 자세가 보장된다고 한다.(Spiro 1967)

정령의 존재만을 긍정하고 그를 신앙하는 것은 옳지 않다고 말한다. 또 다른 사람은 천계의 정령만 올바르다고 한다. 한편 '하계의' 정령의 힘을 열심히 믿고 두려워 하는 사람들이 있다. 또한 정령에 공물을 바칠지라도 반불교적 분위기를 지닌 제사에 눈살을 찌푸리고, 그런 장소에서 제사지내지는 정령을 거부하는 사람들도 있다.

질서와 힘의 관념

불교 체계 속에 정령신앙이 자리잡고 있듯이 정령신앙의 맥락 위에서 불교를 파악할 수 있다. 그러한 파악은 정령제사의 핵이라고 할 수 있는 질서와 힘의 위계질서 위에서이다.[32] 이것은 먼저 정령을 분류하는 데서 나타난다. 즉 다종다양한 정령은 자연령(自然靈)·수호령(守護靈)·악령(惡靈)이라는 세 가지 범주로 구분된다. 그들 어느 것이든 질서와의 관계에서 구별된다. 자연령은 여러 가지 자연물에 붙어 그것을 지키는 정령이다.

사람이 그러한 영이 깃든 자연물에 대해서 무언가 불손한 행위를 하면, 그 영은 그 사람에게 병을 준다든지 하여 벌을 내린다. 예컨대 영이 깃든 나무 근처에서 배설을 하거나 그

---

32) 田村 1991a.

나무를 마음대로 자른다든지 하면 복통이나 다른 재앙이 내린다고 한다. 이처럼 자연령은 개개의 자연물과 그 주위를 지키는 것으로, 전체적으로 자연 질서를 사람의 부당한 침입으로부터 방어한다. 또한 여러 가지 자연물에 깃들어 자연 질서를 수립한다. 이에 비해 수호령은 개인에서 국가에 이르기까지 사람들의 사회질서를 수립하고 그들 각각을 지키는 존재이다.

예를 들어 미얀마의 마을 수호신은 마을에 악령이 들어오지 못하도록 해준다고 한다. 이러한 보호에 대해 사람들은 1년에 한 번 정기적으로 공물을 바치는데, 그것을 게을리하면 역시 재앙을 입는다. 이와 같은 관계는 현실적 인간세계에서 지배-피지배의 관계를 본뜬 것으로 정기적인 공물을 일종의 공납(세금)으로 바친다. 수호령에는 벼, 논밭, 우물, 연못이나 제방의 관개시설 등 인간생활과 연관된 것이 있다. 그리고 자동차나 음향기기와 같은 현대의 기계제품에도 있고 나아가 의례나 연극 등 행위에 관한 것에도 있다. 이처럼 수호령은 인간생활을 개별적으로 보호하여 전체적으로 질서를 유지하고 있다고 할 수 있다.

자연령과 수호령이 각각 자연과 사람(사회)의 질서를 나타내는 데 비해 악령은 무질서의 세계에 있다. 그것은 사물을 떠나 떠돌아다니는 영인데, 성격이 심술궂어 언제 어느 때 사람을 덮쳐 질병 등 불행을 초래할지 모르는 존재이다. 그것은 생겨날 때부터 질서 밖에 있다. 타이의 경우 악령으로서 피 (phii)는 종종 사고, 질병, 산욕(産褥) 등으로 이상한 죽음을 당한 자의 원안이 전화한 것이다.[33] 그것은 죽고 다시 태어나는 존재의 순환구조에서 탈락한 존재이다. 그리고 그 여러 종류가 뿔뿔이 흩어져 있다는 점에서도 무질서한 존재이다.

미얀마의 경우 타이의 피에 가까운 존재가 유령(thaye, tasei)인데 낫과 별도의 범주를 구성한다. 한편 악령의 성격을 지닌 낫이 더욱 신격화되어 '37주(柱)의 낫'이라는 판테온으로 질서화되어 있다.[34]

이 판테온은 제각기 이름과 모습을 지니며, 많은 역사적 인물에 근거한 전설적인 여러 영으로 이루어진다. 전설에 의하면 거의 전부가 비참한 죽음을 당한 자이고, 그래서 사람들은

---

33) Tambiah 1970 : 189.
34) Temple 1906, Htin Anng 1962. 및 田村 1983, 1984, 1989 등. '낫'의 이름은 Thagya · Mahagiri · Hnamadaw Taung-gyishin · Shwe nabe · Thonban Hla · Taung-ngu-Shin Minganng · Mintaragyi · Than dawgan · Shwe Nawrata · Aungzwamagyi · Ngazishin · Aungbinle Shinbynshin · Taungmagyi · Myauk Minsinbyushin · Shindaw · Nyaung-gyin · Tabin Shwedi · Minye Aungdi · Shwe Thate · Modaw Shwesaga · Maung Po Tu · Yunbayin · Maung Minbyu · Mandale Bodaw · Shwebyin Naungdaw · Shwubyin Nyidaw · Mintha Maung Shin · Tibyusanng · Tibyusaung Medaw · Bayinma Shinmingaung · Min Sithu · Min Kyawzwa · Myaukpet Shinma · Anauk Mibya · Shingon · Shingwa · Shinnemi 등이다.

그들을 매우 강력한 힘을 지닌 존재로 여겨 두려워한다.

'37주의 낫'도 생겨날 때 질서 밖에 있다. 또한 그 대부분이 왕권에 도전하거나, 왕명을 어기고 복종하지 않거나, 반란의 결과 왕에게 죽임을 당했다고 한다. 이것을 보면 이들 낫이 반사회적·반질서적 성격을 띠고 있음을 알 수 있다.[35] 이들 낫은 특정의 장소에서 정기적으로 제사를 올리는 '신전(사당)'을 갖는다. 그러나 거기에서의 제사는 종종 광란적 분위기를 띠기 때문에 앞서 말했듯이 이에 눈살을 찌푸리는 사람이 많다. 반면 그가 강력한 힘을 갖기 때문에 마을이나 지역에 관계없이 열성적인 신자가 모여든다.

이상과 같이 자연령, 수호령, 악령은 질서 관념을 축으로 서로 구별되며 또한 연속하고 있다. 그것은 힘의 관념을 둘러싸고도 마찬가지이다.[36] 즉 자연령은 자연물에 구비된 힘을, 그것을 지키고 지배하는 것으로 관념화한 것이다. 수호령에는 선조령(先祖靈)과 함께 종종 외부에서 들어온 이민족 영(靈)의 관념이 포함되어 있다. 그것은 안에 편입된 외부로부터의 힘이 내부의 힘과 상호 변형(變形)관계에 있다는 것을 의미한다. 이것은 타이에서 볼 수 있는 동물 공희(供犧)가 의미

---

35) 낫과 왕권의 관계에 대해서는 Spiro 1967, Mendelson 1960 1963. 및 田村 1984, 1989.
36) 田村 1991a.

하는 바이다.

제물은 자연물(동물)에 살해라는 폭력을 가해 그 힘을 훈화(訓化)하고, 사회 속에 수호하는 것으로 편입하는 과정이다.[37] 수호령의 힘은 자연력을 순화하여 사회에 끌어들인 것이라고 할 수 있다. 미얀마에서는 공희를 볼 수 없으나 친족집단의 수호령으로 이민족 출신임을 알려주는 것이 있고, 집이나 마을의 수호령은 외부의 힘인 '37주의 낫'의 영과 어우러져 있다. 그리고 '37주의 낫'은 앞서 보았듯이 살해된 존재이고 희생의 관념을 포함하고 있다. 미얀마 집(家)의 수호령은 방 입구 반대쪽인 동남 또는 동북 방향 모서리 기둥에 매단 코코야자로 표상(表象)된다.

이 코코야자는 수호령 그 자체임과 동시에 공물인데 왕에 의해 불에 타 죽은 마하기리(Mahāgirī)의 목을 상징하고 있다.[38] 그렇기 때문에 이것을 바치는 것은 상징적, 관념적 차원에서 공희를 의미하고 있다. 또한 수호령의 의례에서 영을

---

37) 브룩 외 1984, Tanabe 1991.
38) 마하기리는 파간 왕조에 앞선 전설적 왕조 타가운의 도시 대장장이였다. 그 힘이 강대하였기 때문에, 왕이 이를 두려워하여 그의 여동생을 왕비로 삼는다고 속여 마하기리를 사로잡는다. 화형(火刑)에 처해졌는데, 이때 그의 여동생도 불에 뛰어들어 죽었다고 한다. 그들이 잠든 나무는 이라와지 강을 흘러 파간에 당도하여, 그곳 주민이 파간 근처에 있는 포우파 산에 모셨다. 그래서 집의 수호령은 이 오누이라고 한다. 전설과 그 분석은 田村 1984, 1989. 참조.

밖으로 부르거나, 혹은 영이 와주기를 기다리는 것을 볼 수 있는데 이것도 수호령의 외부성을 나타낸다고 생각된다.[39] 예컨대 집의 수호령에게는 우안거(雨安居)에 들고 날 때나 새해에 제사를 올릴 때 코코야자를 교환한다. 이때 공물로 새로 매단 코코야자를 잠시 집 입구에 놓고 낮이 오기를 기다린다.[40]

자연령이 자연의 힘이고 수호령이 사회에 편입된 힘인 것인데 비해, 악령은 이러한 질서에서 풀려난 무질서한 힘이다. 그것은 이상사(異常死), 형사(刑死) 등에 의해 죽음과 전생(轉生)의 순환고리에서 탈락한 자로 이루어진다. 왜냐하면 원래 내측(內側)의 존재인 사람이 폭력적인 죽음으로 사람의 질서 밖에 있는 새로운 힘을 지닌 존재로 전화했기 때문이다.

이것과 연관된 것으로 인신공희(人身供犧)가 있는데, 미얀마에서 성과 도시를 건설할 때나 관개시설을 구축할 때 이 말을 자주 듣게 된다.[41] 타이에서도 성시(城市)의 중심인 '시(市)의 기둥(柱)'(lag-muan)을 건설하는 경우 특히 임산부를 묻었다는 이야기가 각지에 퍼져 있다.[42] 어느 것이든 희생에 의

---

39) 이 문제를 岩田慶治는 오고가는 피(phii)로서 떠돌아다니는 것에서 상주하는 것에로의 중간 단계로 파악하고 있다.(岩田 1975)
40) 田村 1980, 107~108.
41) 田村 1989, 1991a.
42) Terwiel 1978.

해 안에서 밖으로, 사회에서 자연으로 전화한 존재가 자연령과 똑같이 사물에 붙어 그것을 지키는 힘을 지닌다고 여겨지기 때문이다.[43]

이상과 같이 낫의 각 범주는 질서와 힘이라는 두 가지 관념을 축으로 서로 자리매김을 하고 있다. 또한 이 맥락에서도 불교를 파악하고 있다. 즉 불교는 자연과 사회 질서를 초월한 절대적 질서를 초래하는 것으로 존재하며, 그 힘도 그것을 구현한 것이다. 이러한 절대적 힘 속에서 관념화된 불교는 본래의 교의에서 벗어나 경문이나 부적 혹은 불상·승려가 지닌 주력에 대한 신앙으로 사람들에게 다가간다. 이렇게 파악된 불교가 민중 차원의 불교의 모습이다.

불교의례나 정령의 제사는 각기 시간과 공간을 달리하여 행해지며 서로 뒤섞이는 일이 없다. 양자는 내세와 현세의 대비에서 겹쳐지지만 그것이 불교의 기본적 가치관에 관계하기 때문에 불교의 우위성이 보장된다. 그러나 힘이나 질서의 관념에서 불교는 정령신앙에 연속한 것으로 인식되어 현세적 주술적 의미까지 지니게 된다. 이 점에서 정령의 힘이 민중 차원에서 불교의 변용을 끌어낸다고 할 수 있다.

---

43) 그것은 또한 일종의 수호령인데, 이러한 희생물이 강력한 힘으로 지키는 것은 성시(城市)나 관개시설 같은 중요한 것이 많다.

제3절・'고유'의 신앙

상좌부 불교 사회에서는 영혼관이나 정령신앙에서 보았듯이 불교와는 별도의 관념체계와 신앙이 존재한다. 그것들을 이러한 사회에서의 '고유의' 신앙이라고 말할 수 있을까에 대해서는 몇 가지 검토할 문제가 있다.

첫째로, '고유'란 무슨 뜻인가 하는 문제이다. '고유'라는 말이 원래부터 거기에 있었던 것이라는 의미에서는, 어떤 것이 그것에 꼭 맞는다는 뜻이라고 할 수 있을 것이다. 영혼관에 대해서 보면 윈니인이나 원얀이 팔리 어 비냐나(viññāṇa)에서 온 것으로 아마 불교와 함께 도입된 것 같다. 이에 비해 레이뱌나 크완은 각각 미얀마와 타이의 '고유의' 영혼개념이라 할 수 있다. 그러나 미얀마의 레이뱌가 윈니인과 거의 똑같은 의미로 이해되고 서로 호환적으로 사용되는 것을 보면, 이러한 말에 관계된 관념이나 행위가 그대로 '고유한' 것인가에 대해서는 매우 회의적이다.

타이의 크완은 개념상 원얀과 구별되고 불교와 별도의 의례 체계를 발달시키고 있다. 그러나 의례 집행자는 불교에 조예가 깊은 독실한 장로이며 의례 지식이나 체계도 승원에서 수행으로 몸에 밴 자이다.[44] 그들을 민간 '브라흐만'이라고

---

44) Tambiah 1970 : 252~260.

부르듯이 의례의 어떤 부분은 힌두이즘에서 유래하고 있다. 미얀마에서도 득도식 등에서 비슷한 의례를 행하는데 그것도 힌두이즘의 영향이라고 할 수 있다. 요컨대 이들 의례나 배경의 관념에서는 불교나 힌두이즘의 요소가 있고 그 속에서 '고유의' 것을 밝히기는 쉬운 일이 아니다.

정령신앙에 대해서도 마찬가지이다. 미얀마에 특징적인 '37주의 낫'이라는 판테온은 불교의 천상의 정령계를 모델로 하고 있고, '37'이라는 숫자는 천계의 여러 신의 수 32에 사방(四方)과 중심을 더한 것이라 한다.[45] 그 정점에는 불교·힌두교의 신 제석천(인드라)이 있다. 다른 낫의 신격화에서도 이름이나 모습 등으로 보아 힌두교의 여러 신들의 영향이 있었음을 충분히 알 수 있다.

이 '37주의 낫'은 상당히 특수하게 발달한 것으로, 그 속의 신이 마을이나 집의 수호령에 섞여 있고 낫 신앙 전체에서 그 비중이 크다. 무엇보다도 정령신앙은 불교의 틀 속에 자리잡고 있으며 그러므로 그 의례나 관념이 변용하고 있다는 것은 대체로 있을 수 있는 일이다. 예컨대 미얀마에서도 일찍이 공희(供犧)를 행하고 있었는데, 이는 불교의 가르침에 위배된다 하여 왕의 금지령이 자주 내려져 오늘날에는 거의 볼 수 없게 되었다.[46]

---

45) Shorto 1967.

이러한 사실은 영혼관이든 정령신앙이든 여기에서 서술한 것이 그대로 앞의 의미의 '고유의' 것은 아님을 보여주고 있다. 똑같은 개념으로 말할 수 있는 것이 불교 이전부터 있었다는 사실은 충분히 생각할 수 있다. 그렇지만 그들 어느 것도 불교나 힌두교 등의 영향을 입어 왔고 오늘날의 모습은 변용된 것일 뿐이다.

둘째로, 무엇에서 '고유한' 것인가 하는 문제이다. '고유의'라는 말에는 거기밖에 없다는 의미를 포함하고 있다. 그러나 여기에서 서술하는 '고유의' 것, 예컨대 복수(複數)의 영혼관은 섬나라를 비롯하여 동남아시아 각지에서 볼 수 있다. 더욱이 중국의 혼(魂)과 백(魄)의 관념 등을 합친다면 더욱 넓어질지도 모른다.[47] 이상사(異常死)한 사람의 영을 두려워하는 관념도 여기저기에 존재하고, 자연령 관념의 배경에 있는 애니미즘이나[48] 생활공간을 지켜주는 영의 관념도 대개 지역에 관계없이 퍼져 있다. 그러한 의미에서 여기에서 말하는 영혼관이나 정령신앙은 동남아시아 상좌부 불교 사회에 고유한 것이라고 할 수 없다.

그것들은 어디까지나 불교나 힌두교과의 관계에서 '고유

---

46) 17세기 바인나우 왕의 칙령에는 종종 금지령에도 불구하고 공희가 행해지고 있는 사실이 나오는데 다시 금지하고 있다.(하베이 역, 1984)
47) 大林 1985, 11~12.
48) 애니미즘 문제에 대해서는 田村 1988 참조.

한' 의미를 가지고 있다. 즉 문제가 되는 의례나 관념이 불교 등의 교의나 의례에서가 아니라, 미얀마나 타이에서밖에 볼 수 없다는 점에서 '고유한' 것이라고 할 수 있다. 이러한 점에서도 첫째 문제와 똑같이 본론의 '고유의'라는 말은 불교(또한 힌두교) 이외의 것이라는 '소극적인' 의미밖에 가지지 않는다.

셋째로, '고유의' 신앙의 의미를 불교와의 관계에서 파악한다고 해도 해당 불교 자체와 그 이외의 것과의 경계가 애매하다. 즉 여기에서 문제로 삼는 불교는 민중들 차원에서 이해하고 실천하고 있는 것인데, 그것은 불교 이외의 것에서 영향을 받아 그러한 요소를 포함하고 있다.

예를 들어 불교에서 볼 수 있는 현세 이익적·주술적 측면이다. 그것들은 정령신앙의 영역에 속해 있지는 않지만, 그 배경에 있는 관념이 정령 관념에 연속한 것이라는 점은 이미 밝힌 바이다. 또한 불교는 기본적으로 내세의 문제에 관여하기 때문에 죽음을 둘러싼 일련의 의례는 불교의례로서 의미를 지니고 있다. 그러나 개개의 의례적 행위 가운데는 비불교적 요소가 있다는 사실은 충분히 생각할 수 있고, 불교를 따라 들어온 것과 구별하기는 쉽지 않다.

의례의 어떤 부분은 원래의 의미가 불교적 의미로 바뀌거나 그것에 불교적 치장을 하여 불교의례로 자리하고 있다. 득도식은 승려가 되어 스스로를 붓다에 바치는, 혹은 양친에게 가장 중요한 자식을 붓다에 보내는 최고의 공덕을 쌓는 행위로 여겨진다. 그러나 본래는 성인식이라는 통과의례의 의미를 지닌다고 여겨지며, 타이의 프람이나 미얀마의 베이테이 사야가 집행하는 의례처럼 비불교적인 것을 구성요소로 하고 있다.[49]

또한 미얀마에서는 2월경 떡의 일종인 타마네(htamane)를 만들어 붓다나 승려에게 바치고 모두가 함께 먹는 행사가 있다. 그 달에 타마네를 먹으면 일년 내내 건강하다는 붓다의 말씀이 있다고 전해지고, 그것을 보시하면 공덕이 된다는 불교의례이다. 그러나 이 행사를 치르는 배경에 거둬들인 수확물 가운데 제일 처음, 가장 좋은 부분을 존경할 대상에게 바친다는 생각이 있고, 그것은 원래 농경사회의 초수의례(初穗儀禮)였다는 것을 엿볼 수 있다.[50] 이처럼 음식물의 보시와 사람들에게 식사를 공양하는 행위는 공덕을 쌓는 가장 일반적인 형태인데, 그것은 비불교사회의 의례와 연관될 가능성도 열어놓고 있다.

---

49) 미얀마에서는 득도식을 거쳐 남자가 결혼할 수 있게 된다고 한다. 주23에 있듯이, 성녀식(成女式)을 받는 여성도 함께 의례를 받는다. 이때 아이들은 마을을 한 바퀴 도는데, 남자의 득도식은, 석가의 출세간을 본뜬다고 하는, 성인식의 문맥에서 말하면 분리의 단계를 나타내고 있다. Htin Anng 1962.
50) 田村 1980, 113~114.

동남아시아의 산악지방이나 섬나라에서 볼 수 있는 훈공제연(勳功祭宴) 의례가 바로 그것이다. 이 의례는 인생에서 기념해야 할 시기나 사건을 맞아 많은 사람을 불러 향연을 베푸는 것으로, 주최자는 사후세계에서 좋은 지위를 얻는다고 믿고 있다.[51] 이와 같은 예가 보여주듯이 불교의례의 몇 가지는 원래 불교 이외의 것이었으나 불교 속에 들어와 불교적 의미를 가지게 되었다고 보여진다. 이 점에서도 '고유의' 것은 불교 쪽에서도 잠재해 있다고 할 수 있다.

네번째로, 불교와 '고유의' 신앙이 있다고 해도 미얀마나 타이 사람들은 양자를 별개의 것으로 파악하고 있지는 않다. '고유의' 영혼이나 정령의 관념은 의례하는 장소를 달리하거나 그 의미나 기능을 달리하여 불교와 '공존'한다. 동시에 서로 모순되면서도 불교의 교의나 세계관 밑에 놓여져 있다. 그리고 '고유의'라는 말이 대상의 내재적 가치나 의미에 관한 것이라면, 오히려 상좌부 불교야말로 그것에 상응하는 듯하다. 그 불교에는 불교와 그 이외의 신앙이 포섭·대립·보완 등 여러 가지 관계로 연결되어 있다. 그러한 존재방식이야말로 상좌부 불교 사회에 고유한 신앙이라고 할 수 있을 것이다.

그런데 불교와 그 밖의 신앙과의 대비는 타이의 두 가지 영

---

51) Obayashi 1974. 훈공제연에 관해서는 하이네 = 게르데른 역 1972.

혼관을 통하여 지적하였듯이, 사후의 변천과 살고 있는 동안의 운명과의 대비, 죽음과 삶의 대비에서 겹쳐진다. 그것은 미얀마 불교와 낫 신앙이 기능하는 장(場)에 있어서도 마찬가지다. 즉 탄생·득도·결혼의 통과의례를 행할 때는 집이나 마을을 수호하는 낫에 대해 공물을 바친다. 그렇지만 죽을 때는 공물을 행하지 않는다.

낫은 오히려 죽음을 싫어한다고 여겨 마을 밖에서 죽은 자의 사체를 마을 안으로 운반할 수 없다고 한다. 또한 낫에 대한 제사와 장례식이 겹쳐지는 것을 기피한다. 그래서 종종 낫에 대한 공물을 준비하고 있었던 경우 사람이 죽었을 때에, 공물을 승원 안으로 피난시킨다. 한편 불교는 탄생의례에는 거의 관계하지 않고, 결혼식도 사람들에게 공덕의 기회라는 점에서만 관계한다. 득도식에서도 그 성인식에 해당하는 의례는 불교가 관여하지 않으며, 본래의 불교의례의 입문식과 분리하여 행해진다. 요컨대 불교는 죽음과 그 후 전생하는 운명에 관계하고, 낫은 탄생과 살아가는 동안 운명의 변천을 지켜봐주는 것이다.

이와 같은 사실은 불교가 근본적으로 현세 부정의 가르침을 가지고 내세를 지향하는 종교라는 점에서 유래한다. 민중 차원의 불교에서 볼 수 있는 현세적인 힘은 불교의 교의 자체에서 오는 것이 아니라, 앞서 말했듯이 정령의 관념에서 연속한 것에서 비롯한다. 이러한 의미에서 불교는 현실생활의 종교로서 '불완전한' 것이라고 할 수 있을 것이다. 그렇기 때문에 불교도는 여러 가지 불교 이외의 관념이나 의례에 의존할 수밖에 없으며 불교와 그 밖의 신앙이 합쳐져 사람들의 종교생활을 형성하고 있다.

그러나 불교는 기본적으로 공덕의 개념으로 사람들의 생활이나 행동에 동기를 부여하고 결정하게 한다. 그리고 사람들에게 가치관·세계관을 심어주고 있다. 불교는 교의라는 체계적 뒷받침을 가지며 그 실천적·구체적 표현으로 승려가 존재한다. 재가자도 마을 등 각 지역사회에 있는 승원이나 거기에서 남자가 한 번은 경험하는 생활을 통해서 이 절대적 의지처와 친근해진다. 이것에 대해 정령신앙 등은 의례라는 실제적 행위와 그것에 얽힌 관념이 제각각이다.

우리는 앞에서 불교의 세계관 속에 정령의 존재가 편입되어 있다는 사실과, 한편으로 정령신앙의 핵인 힘과 질서 관념의 연속선상에서 불교를 파악할 수 있다는 점을 살펴 보았다. 그것들은 불교와 정령신앙의 관계를 상호적인 것처럼 보이게 하지만 하나의 커다란 차이점이 있다. 그것은 전자에 있어서 불교의 세계관은 교의 속에 명시되어 있고 사람들에게 의식화된 준거이다. 이것에 비해 정령신앙에 관한 것은 여러 가지 행위나 관념 속에서 분석에 의해 얻어진 것이다. 그것은 체계적인 준거로서 사람들이 의식하고 있지 않다.

이와 같은 사실은 불교 이외의 신앙에 대한 사람들의 태도나 언설에 나타나 있다. 정령이나 그 신앙 혹은 영혼관에 대해서 사람들이 말하는 바는 가지각색이고 서로 모순되고 회의적인 것조차 있다는 점은 이미 서술한 바이다. 그러한 사태는 불교라는 절대적 기준과의 관계에서 비롯된 것도 있지만, 정령이나 영혼관념 자체의 존재방식에 의해 크게 규정되고 있다. 그것들이 체계화·의식화된 것이 아니라 각기 따로따로 흩어져 있는 것에 기인한다. 만약 상좌부 불교 사회의 '고유의' 신앙을 특징짓는다면 이러한 점에서만 가능할지도 모른다. 즉 '고유의' 신앙은 불교의 주변에 있으면서 동요하는 것이다. 과연 그것을 불교와 함께 견주어 말할 수 있을지 필자로서는 무척 애매하다.

참고문헌

綾部恒雄,《タイ族——一つの稻作社會》(1971, 弘文堂)

Ba Han, "Spiritism in Burma", *Journal of The Burma Reseach Society*, 47-1:3-9, 1966.

M. ブロック·今村仁司·田邊繁治,〈儀禮とイデオロギー〉,《現代思想》(1984, 青土社), 12~12, 222~247頁

Esteik, P. V., "Interpreting a Cosmology: Guardian Spirits in Thai Buddhism", *Anthropos*, 77: 1-15.

ハーヴェイ(五十嵐智昭譯),《ビルマ史》(1948, 北海出版社)

ハイネ ゲルデルン(竹村卓二譯),〈勳功祭宴と巨石的世界觀〉, 大林太

良編《現代のエスプリ60 儀禮》(1972, 至文堂)

Heinz, *Tham Khwan*, Singapore University Press, Singapore, 1982.

Htin Anrg, *Folk Elements in Burmese Buddhism*, Oxford University Press, London, 1962.

岩田慶治,〈東南アジア諸民族のカミ觀念〉《小牧寬繁先生古稀記念論文集 人文地理學の諸問題》(1968, 大明堂), 57～68頁

_____ 《日本文化のふるさと——東南アジアの稻作民族をたずねて》(1975, 角川文庫), (1966, 角川新書版)

Mendelson, E. M., "Religion and Authority in Modern Burma", *The World Today*, 16: 110-118, 1960.

_____ "Observation on a Tour in the Region of Mount Popa, Central Burma", *France-Asie*, 179: 788-807, 1963.

Nas, M., *The Golden Road to Modernity*, Chicago, 1973.

Obayashi, T., "Merit-making and Feasts of Merit in Tribal Religions of Southeast Asia", *East Asian Cultural Studies*, XIII: 72-74, 1974.

大林太良,《シンガ・マンガラジャの構造》(1985, 靑土社)

小野澤正喜,〈宗敎と世界觀〉, 綾部恒雄・永積瀨昭編,《もつと知りたいタイ》(1982, 弘文堂)

_____ 〈タイにおけるタム・クワン(スー・クワン) 儀禮—タイ佛敎における二重構造の分析〉, 江渕一公・伊藤亞人編,《儀禮と象徵—文化人類學的考察》(1983, 九州大學出版會)

Pfanner, D. E., "The Buddhist Monk in Rural Burmese Society", in Nash, M. *et al.* (eds.), *Anthropological Studies in Theravada Buddhism*, 77-96, Yele University, 1966.

Rajadhon, Anuman Phya, "Thai Ceremonies, Old and New", *Journal of Siam Society*, 49, 1961.

_____ "The Khwan and its ceremonies", *Journal of Siam Society*,

50-2: 119-164, 1962.

Shway Yoe, *The Burman, His Life and Notions*, Norton Library, N. Y., 1963(1822).

Shorto, H. L., "The *dewatau sotapan*: A Mon Prototype of the 37 nats", *Bulletin of the School of Oriental and African Studies*, 30, 127-141, 1967.

Spiro, M. E., *Burmese Supernaturalism*, N. J., 1967.

_____ Buddhism and Society, N. Y., 1970.

Tanabe, S., "Spirits, Power and Discourse of Female Gender: *The Phi Meng* Cult in Northern Thailand", in Manas Chitakasen and Andrew Turton(eds.), *Thai Constructions of Knowledge*, London, School of Oriental and African Studies, 1991.

Tambiah, S. J., *Buddhism and the Spirit Cult in North-east Thailand*, Cambridge University Press, 1970.

田村克己,〈上ビルマの一農村における年中儀禮と二元性〉,《鹿兒島大學南總研紀要》(1980), 1-1, 93-141頁

_____ 〈宗教と世界觀〉, 綾部恒雄・永積昭編,《もつと知りたいビルマ》(1983, 弘文堂)

_____ 〈ビルマのナッ信仰〉, 青木保編,《象徵人類學(現代のエスプリ別冊 現代の人類學4)》(1984, 至文堂), 153-164頁

_____ 〈ビルマの精靈信仰再考序說〉,《鹿兒島大學敎養部 史錄》(1987), 19, 39-53頁

_____ 〈《物》と《靈》〉, 伊藤幹治・米山俊直編,《文化人類學へのアプローチ》(1988, ミネルヴァ書房), 231-262.

_____ 〈ビルマの精靈信仰と民間傳承〉, 君島久子編,《日本民間傳承の源流》(1989, 小學館), 408-430

_____ 〈基層文化とヒンドゥイズム—和會通釋の論理〉, 前田成文

編,《講座 東南アジア學 第五卷 東南アジアの文化》(1991a, 弘文堂)

_____ 〈東南アジア(大陸部)の宗敎〉,《季刊アジアフォーラム》61호, (1991b), 54-57頁

Temple, R. C., The Thirty-Seven Nats, London, W. Griggs, 1906.

Terwiel, B. J., "The Origin and Meaning of the Thai City Pillar", *Journal of The Siam Society*, 62-2: 159-171.

제 3 장

교단과 종교생활

야마다 히토시(山田 均)

제1절 • 불교교단의 성립

불교와 교단

교단을 종교적 이념을 함께하는 수행자의 집단으로 정의한다면, 실로 불교 성립과 동시에 교단이 탄생하였다. 교단의 발생이 불교의 성립이라고 해도 지나친 말이 아니다. 즉 붓다가 스스로 깨달은 이념을 다른 사람에게 전파하려고 하고 다른 사람이 그것을 받아들일 때, 종교로서 불교가 성립한 것이다. 이 교단을 상가라 부르고 있다.

불교는 오랜 세월을 거치는 동안 여러 장소로 퍼져 나갔고, 사상적으로도 다양한 전개를 보였다. 물론 그 변화는 항상 집단, 즉 상가를 단위로 한 것이다. 상가의 존재방식은 그 당시 그 장소의 불교 형태를 보여주는 커다란 문제를 포함하고 있다. 그렇다면 상가가 지닌 근본적 성질이란 어떠한 것일까.

첫째로, 규율성이다. 상가는 불제자로서 수행생활을 보내는 사람들의 집단이다. 거기에서는 타인의 생활이나 수행을 방해하지 않고 자신의 수행을 바르게 유지하기 위하여, 또한 집단으로서 통일된 이념이 변화하지 않도록 수행생활의 규정과 그것을 어길 경우 벌칙을 정하고 있다.

둘째로, 결사성(結社性)이다. 일정한 이념에 따라 행동하고, 내부에 규율을 가진 집단인 상가에는 자연히 결사성이 생겨난다. 즉 상가에서는 구성원과 비구성원의 구별이 분명하고, 안에서는 바깥의 지위나 신분은 그 의미를 잃는다. 상가는 외부로부터 독립하여 안으로 안정되고 통일된 상태를 지향하는 집단이다.

셋째로, 관념성이다. 상가는 현재 똑같은 장소에서 수행생활을 함께하는 집단임과 동시에 장소나 시대를 달리하여 생활하는 집단이라도 똑같은 조직이지 않으면 안 된다. 지금 여기서 이곳 상가에 입단하는 사람은 동시에 붓다 시대로부터 미래의 영겁까지 이어져, 세계 각지에 퍼진 커다란 상가에 입단하는 것이 된다. 상가는 실제 조직임과 동시에 시공을 초월한 관념적 조직이라는 이중구조를 지니고 있다.

넷째로, 균일성이다. 상가는 같은 목적 밑에 같은 방법으로 수행생활을 하는 사람의 집단이다. 계율의 실천이나 경전 해석에 의견이 갈려서는 수행을 함께할 수 없다. 상가 속에서는 교의에 지역차가 있어서는 안 되고, 시대차가 있어서도 안 된다. 스스로 교시받은 바를 그대로 다음 세대로 전하여 균일성을 유지하는 것이 상가의 특징이다.

다섯째로, 경제적 의존성이다. 상가는 세속을 버리고 수행 생활을 하는 사람의 집단이기 때문에 스스로는 경제생활에 종사하는 일이 없다. 상가는 완전히 외부로부터 기부를 받아 생활한다. 그렇기 때문에 상가는 세속적 세계 밖에 고립된 집단이 아니라 그 내부에서 독립한 집단이다. 그래서 세속 세계의 사정에 따라 직접적인 영향을 입는다.

다음에는 상가가 거쳐온 역사적 변화에 대해 간단히 서술해 둔다.

초기불교의 교단

상가는 불교가 성립하자마자 이루어져 현대까지 계속 이어져 온 집단이다. 그렇지만 시대에 따라 주변 사회가 변하고 상가 자체의 규모도 변화하고 있기 때문에 그 실태는 여러 가지로 변화하고 있다. 최초의 상가는 어떤 모습이었을까.

붓다는 깨달음을 이루신 후 보리수 밑에서 7일 동안 명상에 잠기고, 나아가 5주 동안이나 깨달음을 얻은 기쁨에 잠겨 있었다. 그 후 널리 가르침을 펼 것을 결심하고 콘단냐 등 5인의 수행자에게 설법을 행하여 그들을 깨달음으로 인도하였다. 여기에서 상가가 성립하였다.

붓다가 세상에 계신 동안 붓다의 개인적 매력에 이끌려 많은 수행자가 모여들었다. 이들 수행자가 제자로서 붓다의 지도를 받으면서 걸식과 유행(遊行)생활을 원칙으로 한 집단생활을 보내고 있었는데, 이것이 초기의 상가이다. 출가한 제자 가운데 사리풋타, 목갈라나, 마하캇사파 등 우수한 비구가 있어 상가의 중심이 되어 활약하였다. 케마나 키사고타미 등 깊은 깨달음에 도달한 비구니도 많았다고 한다. 한편 재가신자 가운데에도 기원정사를 보시한 대상인 수닷타나, 법을 잘 이해한 칫타 등의 제자가 나와 상가를 도왔다. 또한 상가는 슈라바스티의 파세나디 왕이나 코삼비의 우데나 왕 등 여러 국왕의 귀의를 받고 있었다는 사실도 기억해야 한다.

당시 상가의 특징을 바다에 비유한 것이 있다. 그 가운데 바다가 주검을 해안으로 밀어내듯이, 상가도 계율을 어긴 자는 죄를 물어 그를 받아들이지 않는다는 비유가 있다. 또한 강이 바다에 들어가 원래의 이름을 잃듯이, 상가에 들어오는 사람은 원래의 계급이나 성명을 버린다는 비유도 있다. 우리는 이로써 상가에는 계율 위반자를 스스로 배제하는 기능이 있었다는 점이나, 상가 내부에서는 사회적 신분이나 가문에 구애받지 않고 평등한 생활을 하였다는 사실을 알 수 있다. 나아가 바다의 소금맛이 똑같듯이 상가의 깨달음도 동일하다고 비유한 것이 있다. 이것으로 봐서 상가는 균일한 종교적 이념을 지향하고 있었음을 알 수 있다. 규율, 평등, 내부의 균일성 등 현대에까지 이어지는 상가의 기본적 성격은 이미 초창기부터 길러지고 있었다고 보아도 틀림없다.

붓다는 45년간 마가다 국과 코살라 국을 중심으로 유행을 계속하며 포교활동을 하였다. 그 동안 상가도 점차 확대되어 충실한 세력을 가진 교단이 되었다. 붓다는 죽음에 임하여 상가의 장래에 대해 이야기한다. 붓다 자신은 제자에게 아무것도 숨기지 않았고, 안팎의 구별없이 법을 설교하였노라고 마음을 털어놓고 있다. 붓다는 어디까지나 스승이었던 것이지 공동체로서의 상가의 소유자는 아니었다. 그러나 붓다의 죽음은 제자들의 집단인 상가에게는 무조건으로 귀의할 수 있는 커다란 의지처를 잃는 것이었다. 그 후 상가는 조직으로서 홀로서기를 시작한다.

부파불교의 교단

붓다가 입멸한 뒤 상가는 그 당시 거점이었던 중부로부터 먼저 당시의 주요 도로였던 닷키나파타 '남로(南路)'를 따라 남서쪽으로 포교에 나선다. 나아가 마투라를 거점으로 서쪽을 향해서도 포교를 진행한다. 붓다가 살아계실 때 데칸 지방의 수행자가 법을 들었다는 기록이 경전에 남아 있다. 상가는 순조롭게 세력을 확대하였다고 볼 수 있다. 붓다가 입멸한 직후 상가의 중심인물인 마하캇사파는 각자가 암기하고 있는 생전의 붓다의 설법을 함께 해독하고 정리하는 작업을 행하였다. 이 사업에는 500명의 비구가 참가하여 오늘날의 경장(經藏)과 율장(律藏)의 원형을 완성하였다고 한다. 이것은 상가로서는 대사업이었고 커다란 진보였다.

그러나 입멸 후 100년이 지났을 때 중부 인도의 비구가 금은을 보시받고 있다는 점 등 10개 항목이 문제가 되어 계율의 해석을 둘러싸고 상가 속에서 대립이 일어났다. 상가는 회의를 열고 이를 검토한 결과, 엄격한 보수파의 주장을 받아들여 이를 통과시켰다. 그래서 그것에 불복하는 개방적인 진보파의 비구들은 '대중부(大衆部)' 상가를 세워 보수파인 '상좌부(上座部)' 상가와 분열하였다. 이것을 근본분열이라고 한다.

근본분열에 이어 불멸 후 200년까지 대중부는 6부파로, 상좌부는 12부파로 분열하였다고 한다. 또한 다른 계통의 기록에서는 대중부는 네 번의 분열로 9부파로, 상좌부는 불멸 후 200년에서 300년 지나기까지 일곱 번의 분열로 11부파로 갈라졌다고 한다. 이것을 지말(枝末)분열이라고 부른다. 더욱이 위의 기록 이외에 인도의 각지에서 발굴된 비문에는 34부파의 이름이 열거되고 있다. 그들 분열의 이유는 분명하지 않은데, 어쨌든 비교적 짧은 시간에 꽤 많은 분열을 거듭하였다. 이것은 당시 상가에 자유로운 논쟁과 그에 따른 교의의 발달이 있었다는 것을 보여준다.

지말분열로 생긴 수많은 상가는 각기 자기 경전을 가지고 세력을 확장하고 있었다. 그 가운데에서도 대중부·상좌부·유부(有部)·정량부(正量部)의 4부파가 유력하였다. 계율의 전승이라는 입장에서는 대중부·법장부(法藏部)·유부·음광부(飮光部)·화지부(化地部) 등 5부파를 중요하게 여긴다. 그렇지만 그 교의의 내용에 대해서는 단편적으로밖에 알 수 없는 부파가 많다.

지리적으로는 북부에 유부가, 서부에 상좌부가, 중부에서 남인도에 걸친 지역에서는 대중부가 세력을 떨치고 있어, 불교 상가는 거의 인도 전역에 퍼져 있었다. 이것들은 어느 경우나 출가자의 상가이었고, 국왕이나 상인층에서 많은 보시를 받아 안에서는 계율에 따라 수행생활을 하고 있었다. 이 점에서 그 이전의 상가와 근본적으로 성격이 다르지 않다.

제2절 · 상좌부 상가의 발전

상좌부 상가와 스리랑카로의 전파

상좌부 상가는 부파불교 시대의 유력한 상가의 하나이고, 인도 서부와 남서부에 세력을 떨치고 있었다. 이 상가는 사물에 대해 일방적인 단정을 내리지 않는다는 '분별설(分別說)'을 교의상의 특징으로 하며, 그 성격은 엄격하고 보수적이다. 다른 상가가 모두 인도에서 소멸하고 말았던 것에 비해, 상좌부 상가는 스리랑카를 거쳐 미얀마, 타이 등 여러 나라에 전파되어 현재까지 융성하고 있다. 다음에는 교단사에서 본 상좌부 상가에 대해서 개관해 보기로 하자.

상좌부 상가가 스리랑카에 전파된 것은 기원전 3세기 후반 마힌다 장로와 4인의 비구가 포교한 이후부터이다. 그들은 서인도의 웃제니에서 준비를 갖추고 인도 서해안에서 해로로 스리랑카에 건너온다. 당시 국왕 데바남피야 팃사는 아누라다푸라에 사원을 세우고 상가의 포교거점으로 삼는다. 뒤이어 비구니 상가도 전파되고, 국왕의 귀의와 비호 아래 상가는 순조롭게 발전한다.

기원전 1세기가 되자 자유주의적으로 계율을 해석하는 마하팃사 장로와 그 일파가 다른 승려와 대립하면서 상가는 분열한다. 그들은 국왕이 세운 아바야기리 사원을 거점으로 아바야기리파(派)를 창립한다. 또한 이 시대에는 구래파(舊來派)인 대사파(大寺派)에 의해 경전의 성문화(成文化)라는 대사업이 진행되었는데, 일반적으로 대사파는 아바야기리파에게 밀리는 경향이 있었다. 그래서 4세기 중반에는 대사파의 승려는 도시에서 거주하지 못하고 산지(山地)에 흩어져 살았다고 한다.

아비야기리파도 8세기에 전해진 밀교와 혼합하여 대단히 번창하다가 주술성이 강하여 결국 혼돈 속에 빠져 쇠퇴하고 만다. 대사파는 고난 속에서도 엄격한 기풍을 유지한다. 그래서 5세기에는 학승(學僧) 붓다고사가 나와 경전의 싱할라 어(語) 주석서류를 편집하고 팔리 어로 번역한다. 더 나아가 《비숫디막가》 《사만타파사디카》 라는 교의의 표준이 되는 책을 완성한다.

12세기에 등장한 국왕 파락카마바후 1세는 상가의 부흥에 힘써 대사파를 정통으로 삼는다. 이로써 상좌부 상가는 통일되고 수많은 학승을 배출하게 된다. 대대로 국왕의 귀의도 후하고, 똑같은 상좌부인 하(下)미얀마의 상가나 아윳타야 상가와의 교류도 활발하게 진행된다. 식민지 시대에는 상가뿐만 아니라 불교도 전체가 엄중한 탄압을 받았으나, 이를 훌륭히 견뎌내고 오늘날까지 신앙을 지키고 있다. 오늘날 스리랑카의 상가는 타이 교단이나 미얀마 교단과의 교류의 역사를 반영하고 있어 현재 스리랑카의 상가는, 6지파(支派)로 이루어진 시암파, 서른 개가 넘는 지파로 갈린 아마라푸라파, 1864년에 성립한 라만냐파 등으로 나뉘어 각기 특징 있는 상가를 형성하고 있다.

미얀마의 상좌부 상가

미얀마에는 기원전 3세기에 인도에서 건너온 두 장로가 하미얀마의 몬족(族)에게 상좌부 상가를 전했다고 한다. 5~6세기 이후가 되면 그들은 동쪽으로 세력을 넓혀 현재의 타이 영토에 드바라바티나 하리푼챠이라는 나라를 세운다. 그리고 상좌부도 그 지역에 전파하였다. 그러나 이 시대에는 상좌부뿐만 아니라 힌두교를 비롯한 여러 가지 인도의 영향을 볼 수 있다. 또한 불교에서는 산스크리트 어 경전을 받드는 설일체유부(說一切有部)나 대승불교, 7~8세기 이후는 벵갈 지방의 영향을 받아 밀교가 성행하고 있었다.

상좌부 상가가 본격적으로 발전하기 시작한 것은 1057년 미얀마 족에서 나온 아노라타 왕이 몬인(人)의 도읍 타톤을 공략하여 상좌부 경전과 승려를 파간에 가져온 때부터이다. 이후 국왕의 귀의와 비호 아래 파간에는 사원과 불탑, 불상이 잇따라 건설된다. 그리고 교리 연구에서도 많은 승려가 스리랑카에 유학하여 특히 아비달마 연구와 문법학 연구에 큰 업적을 올린다.

파간 왕조가 멸망한 후 1475년, 페구의 왕 단마체디는 유학승을 스리랑카에 보내 대사파의 작법(作法)으로 출가시킨다. 그들은 귀국 후 카라야니 계단(戒壇)을 설립하여 라만냐파를 세우고, 당시 상가의 통일과 정화에 기여하게 된다. 나아가

18세기부터 19세기에 이르러 퉁구 왕조 하에서 학승의 활동이 두드러지고 상가는 번창한다. 이와 함께 국왕의 귀의로 사원, 불탑, 불상 등이 건설되고 보호를 받았다는 사실도 빠뜨릴 수 없다.

미얀마 상좌부 상가는 정치성이 강한 것으로 유명하다. 그리스도교와의 대립에서, 민족주의 운동에서, 인도인 회교도와의 민족 대립에서 승려는 항상 민중의 지도자로 활약하고 있다. 현재 상가는 추단마파, 슈에진파, 게파, 몬파, 두아라파 등으로 갈라져 있고 각각 독자적인 작법을 전파하고 있다.

타이에서의 상좌부 상가

타이에서는 13세기 스코타이 왕조 시대에 하미얀마로부터 상좌부 상가가 전해져, 라무캄헨 왕의 비호 아래 크게 융성하였다. 그 후 챠오프라야 강 유역의 주도권을 쥔 아유타야 왕조에서도 상좌부는 일관하여 국왕의 강력한 지원을 받아 상가는 순조롭게 발전한다. 또한 북부 타이의 치앙마이를 도읍으로 삼은 란나 왕조에서도 14세기에는 스코타이 왕조를 통하여 상좌부가 전해져, 미얀마와 교류를 거쳐 독자적인 전승과 미술을 발전시키기에 이른다. 그러나 아유타야는 1767년 미얀마의 침공으로 완전히 멸망하여 상가와 경전·전적(典籍)을 잃고 승려도 뿔뿔이 흩어진다.

1782년 현 왕조인 챠크리 왕조가 세워지면서 국왕은 상가 재건에 힘을 쏟아 사원 건립과 경전 재편찬, 기강 숙정을 행하였다. 이들 국왕은 대대로 상가에 아낌없는 후원을 하여 왕권과 상가는 서로 깊은 관계를 맺게 되는데, 이것은 타이 상가의 커다란 특징의 하나이다. 더욱이 19세기 전반에는 당시 출가중이었던 몬쿳트 친왕(親王)이 인습을 철폐하고 계율의 본뜻을 추구하는 탐마윳트파를 세운다. 그래서 타이 상가는 구래파인 마하니카이파와 탐마윳트파 두 분파로 갈라지게 된다. 탐마윳트파는 지도자의 지위로 인해 특히 왕권에 가까운 상가가 되고 있는데, 현재까지 소수파이면서도 상가 안에서 발언권이 크다.

19세기 후반에는 국왕 라마 5세의 동생에 해당하는 와치라얀 왕이 중심이 되어 상가의 근대화를 추진하였다. 그는 통일적인 교의와 경전해석을 정하고, 승려의 지식 확대에 노력한다. 또한 그는 계율 실천의 통일, 상가 내부의 제도 충실, 상가법의 제정 등 현재의 균일한 타이 상가의 기초를 닦는 매우 훌륭한 업적을 남기고 있다.

타이 상가는 다른 상좌부 상가와 비교하여 초기부터 비교적 안정된 국교의 지위를 얻어 순조로운 발전을 계속하였다. 제도상 탐마윳트파와 마하니카이파 두 파는 각기 명령계통을 달리하고 있지만 최고기관인 '대장로회의'는 두 파의 공통기관이다. 또한 법왕도 두 파의 합의로 선출된다.

라오스 · 캄보디아로의 전파

라오스에 상좌불교가 전해진 것은 북(北) 타이의 란나 왕조와 거의 같은 시기라고 보이지만, 정확한 연대와 경위는 전설의 범위를 넘지 못한다. 그러나 16세기 포티사라트 왕과 그의 아들 세타티라트 왕은 열렬한 불교신자였는데, 그들은 당시 수많은 사원을 건설하고 있다. 이것을 보면 라오스의 상가는 그 이전에 확립하고 있음을 알 수 있다.

19세기까지 라오스는 타이 영토의 일부로서 타이에 조공을 바치고 있었다. 또한 문화적으로도 타이와는 가까운 관계에 있었기 때문에, 근대적인 의미에서 국경이 정해지기 이전에는 라오스 상가로서 독자적인 의식이 어느 정도 있었는지는 알 수 없다. 타이에 탐마윳트파가 성립하고 구래파(舊來派)와 구별이 생겨나자 동북 타이에 세력을 넓히고 있었던 탐마윳트파는 라오스에 상가를 전파하여 특히 남부에 많은 사원을 건설한다.

라오스에서도 탐마윳트파는 구래파인 마하니카이파에 비해 소수파이지만, 양파 사이에는 대립은 없고 단순히 제도상의 차이에 그치고 있었다. 상가가 국교로서 위치하고, 법률로 통일된 조직을 가지고 기능하고 있는 점에서도 라오스 상가는 타이로부터 강한 영향을 받고 있다고 할 수 있다. 현재 상가의 상황에 대해서는 자세히 알 수 없고, 탐마윳트파와 마하

니카이파의 구별은 없다.

캄보디아는 기원전부터 인도의 영향 아래 다양한 문화를 발전시켜 왔다. 캄보디아에는 대승불교, 힌두교, 고유의 신(神)신앙, 보살신앙과 결부한 국왕에 대한 신앙 등이 복합적으로 행해지고 있었다. 12세기 말에 쟈야바르만 2세가 사절을 스리랑카에 파견하여 유학시켰다는 기록이 남아 있어 상좌부 상가도 어느 정도는 자리잡고 있었으리라고 상상할 수 있다.

현재 상좌부 상가가 캄보디아에 전해진 것은 타이의 아유타야 왕조가 14세기 이후 수차례에 걸쳐 앙코르를 공략하고 1593년에 로웨크를 함락시켜 이 지역의 패권을 차지하면서부터다. 이후 대승불교나 힌두교의 사원은 상좌불교의 사원으로 개조되고, 타이 상가와 유사한 상가가 설립된다. 19세기 후반에는 탐마윳트파가 전해지면서 구래파와 구별이 생기는 것도 완전히 타이 상가의 사정 때문이다. 1956년 헌법으로 상좌불교는 국교의 지위를 얻게 되지만, 1975년 폴포트파의 지배로 파괴적인 타격을 입는다. 최근 불교의 부흥은 두드러지지만 상가의 현황에 대해서는 확실하지 않다. 라오스와 마찬가지로 탐마윳트파와 마하니카이파의 구별은 없다.

이상 상좌부 상가의 흐름에 대해서 대강 살펴보았다. 상좌부 상가는 스리랑카를 원류로 하여 미얀마와 타이에 전해진다. 그리고 각 나라에서 국왕의 비호 아래 민중들의 신앙을 얻으면서 교리적으로나 계율 실천적으로나 확실한 발전을 이루고 있음을 알 수 있다. 조직이라는 점에서도 국가를 단위로 고도의 균일성을 지닌 조직을 형성하고 있다. 이것은 타이를 비롯하여 근대국가의 국교(國敎)문제를 생각해 볼 때 크게 주목할 점이다.

다음에는 실제 상가의 생활이나 사회와의 관계에 대해서 타이 상가를 주요 대상으로 삼아 서술하고자 한다.

제3절 · 불교교단의 생활

계(戒)와 율(律)

상좌불교는 계율의 불교이다. 계라는 것은 불교도가 항상 지켜야 할 마음가짐이고 율이란 상가 내부의 규칙이다. 계는 자율적인 것이고 율은 타율적이다. 율을 지킨다는 것 속에는 그 이전에 자율적인 계를 지킨다는 결심이 들어 있다. 계의 마음가짐으로 공동 수행생활을 하는 집단을 위해 정한 것이 율이다.

계는 10가지 조항으로 이루어진다. 살생을 멀리하고, 도둑질을 멀리하고, 문란한 성생활을 멀리하고, 거짓말을 멀리하고, 음주를 멀리한다는 5개조는 신자가 지켜야 할 기본적인 5

계이다. 열성적인 사람은 여기에 더하여 오후 식사를 멀리하고, 가무음곡과 장신구 및 향수를 멀리하고, 높은 침대를 멀리하는 3개조를 더 지킨다.

계를 지키는 것은 자신이지만 그러기 위해서는 승려에게 계를 조문으로 받을 필요가 있다. 이것으로 계의 본체인 '계체(戒體)'가 갖춰지고 나쁜 행위로부터 마음을 지키는 힘이 구비된다. 본의 아니게 계를 파한 경우는 계체를 잃는 것이기 때문에 다시 승려로부터 계를 받는다. 매달 네 차례 사원에서 재가신자에게 계를 주는 의식을 행한다.

율은 상가 안에서 생활하는 승려를 위한 규율이며, 위반할 경우에는 벌칙이 정해져 있다. 율은 팔리 어로 쓰여 있으며, 모두 227개조로 이루어졌다. 가장 중요한 규정을 파라지카(波羅夷)라고 부르는데, 성교(性交), 도둑질, 살인, 깨달음을 얻었다는 거짓말 등 4개조이다. 이 가운데 단 하나라도 어긴 승려는 상가에서 추방되어 두 번 다시 출가할 수 없다. 파라지카를 범한다는 것은 상가 안에서 사형을 의미할 뿐만 아니라, 재가 사회에서도 결정적으로 신용을 잃게 된다.

그 다음으로 중요한 규정이 상가디세샤(僧殘)라는 것으로 수음(手淫), 상가를 분열시키는 일 등 13개조이다. 이를 범한 승려는 상가에 대해 참회하고, 일정 기간 다른 승려와 떨어져 머물면서 반성한다. 이 밖의 규정은 모두 경미하여 세 사람의 승려에게 고백한다든지 또는 스스로 반성하는 일로 죄는 없어진다.

상가는 매달 두 번 포살(布薩)이라 하여 율의 조문을 확인하는 집회를 연다. 타이 상가의 포살에서는 한 사람의 승려가 대표로 조문을 창하면 다른 승려는 그것을 듣는다. 227개조를 창하는 데에는 인간의 한계에 가까운 빠른 속도로 하여도 40분 정도 걸린다. 창이 틀리거나 발음이 분명하지 않은 부분은 곧바로 이의를 제기하여 고친다. 강한 집중력이 필요한 일이다. 포살에 참가하는 것은 승려의 의무이자 권리이다.

율의 실천에서 가장 중요한 사실은 조문의 해석이 상가 안에서 정해져 있다는 점이다. 살인이라고 해도 본의 아니게 죽인 경우, 살인업자를 고용한 경우, 억지로 자살로 모는 경우 등 실제 사례에는 여러 가지 경우가 있어 그에 따라 자세히 규정해 둘 필요가 있다. 타이에서는 율의 해석서인 《위나이묵크》가 금세기 최초의 법왕 와치라얀에 의해 저술되어 실천을 위한 표준으로 되어 있다.

출가와 교단의 의식주

상가에는 건강한 남자라면 누구나 입단할 수 있다. 20세 이상이면 비구(比丘)로 출가할 수 있고, 나이가 차지 않은 경우는 사미(沙彌)가 된다. 비구니 상가는 스리랑카에서 사라져 버렸기 때문에 여성은 출가할 수 없으나, 재가인 채로 사원에 거주하며 출가에 준하는 수행생활을 하는 '메치'라고 부르는 사람이 있다. 사미와 메치는 돈을 주고받는 일마저 멀리하는 10개조의 계를 지키며 생활하고 있다.

상가에 입단할 때는 지원자의 자격을 심사하는 상가 의식(儀式)을 거치지 않으면 안 된다. 의식은 정형화된 팔리 어 문답으로 진행되는데, 지원자는 스승 승려로부터 계를 받고 남자인가, 부모의 허락을 받았는가 등의 질문에 답한다. 상가는 승려를 모아 합의한 후 받아들일지를 결정한다. 이것은 포살과 함께 상가의 중요한 의식의 하나이다.

비구나 사미의 생활은 검소하고 소박하다. 의류는 허리에 두르는 포(布), 어깨에서부터 밑에까지 덮는 포, 의식할 때 어깨에 없는 포 등 세 가지로 이루어진다. 여기에 자기 방에서 쓰는 조끼와 요포(腰布)를 고정하는 벨트가 추가된다. 재질은 목면이고 색은 모두 같다. 식사는 원칙으로 매일 아침 탁발로 얻은 음식을 서로 나눠 먹는다. 육류이든 물고기이든 관계하지 않고, 조금씩 여러 사람으로부터 보시를 받기 때문에 자연히 비교적 가지 수가 많은 식사가 된다.

한 번 탁발로 얻은 음식을 아침과 점심에 나눠 먹으며 엄한 수행을 원하는 사람은 자발적으로 하루 한 끼를 지킨다. 더욱 엄격한 사람은 반찬과 밥을 손으로 섞어, 일부러 맛을 떨어뜨린 다음 먹는다. 또한 재가신자가 행하는 탐분 의례에 초청된 경우는 식사 공양이 있는데, 대개 매우 진수성찬이다. 오후는 계율에 의해 고형물을 취하지 않지만 차나 생강즙, 우유, 코코아 등으로 허기를 견딜 수 있다.

주거는 소속된 사원에 따라 차이가 많다. 도시의 대사원에는 냉방이 딸린 호화로운 방에 사는 고승도 드물지 않지만, 일반적으로는 소박한 목조건물에 칸을 막고 있는 구조가 많다. 비구는 대개의 경우 방을 따로 쓰고 사미는 절에 기숙하는 소년들과 동거하는 일도 있다. 방에는 라디오 등 약간의 사물이나 책, 책상, 불상이 있다. 침상은 돗자리이거나 간소한 침대 등 다양하지만 호화로운 침대는 계율로 금지되어 있다.

수행생활

상좌불교의 수행에는 폭포수에 들어가거나 산길을 걷는다거나 하는 일은 전혀 없다. 기간을 정하여 특별한 수행을 하는 일도 없다. 계율을 따라 바르게 정비된 생활을 보내는 일이 상좌불교 수행의 근본이다. 비구인 한 계율은 항상 붙어다니고 수행생활은 계속된다.

승려의 아침은 매우 빠르다. 도시는 지방에 비해 늦지만 그래도 6시까지는 기상하여 목욕을 하고, 옷을 단정히 갖춰 탁발에 나선다. 탁발은 재가인의 신앙과 상가를 연결하는 엄숙한 종교행위이다. 탁발은 말없이 집중하여 행하도록 정하고 있는데, 북부에서는 공양을 받은 후 간단한 주문을 외어주는 전통도 있다.

아침 일과시간은 사원에 따라 다르며 고정되어 있지 않지만 대개 아침 8시이다. 삼귀의문에서 시작하는 불법승에 대한 공양의 문구는 19세기 후반 법왕 사에 의해 편집된 《스왓트문 챠밧푸 루안》 속에 표준이 나와 있다. 각 사원은 이것을 기준으로 독경하고 있다. 팔리 문(文)뿐만 아니라 팔리 어와 타이 어의 대역(對譯)경전도 있어 사람들에게 친숙하다. 외국인 등 타이 문자로 쓰여진 팔리 어를 읽을 수 없는 사람도 있기 때문에 통상 사용하는 경전들은 로마자로 표기되어 책으로 엮어졌다.

승려의 하루는 얼핏 보면 자유시간으로 차 있다. 팔리 어 학교에서 가르치고, 상가 사무를 보고, 고승의 일을 돕는 일이 없을 경우는 원칙적으로 타인을 위해 시간을 내는 일이 없다. 젊은 승려 가운데에는 상가 학교에 가거나, 후에 있을 승려시험을 위해 공부하거나, 재가의 탐분 의례에 불려가는 일도 있지만 그 이외의 승려에게는 정해진 예정은 없다. 그러나 텔레비전이나 오락을 위한 책, 만화, 영화 등에 시간을 허비하는 것은 금지되어 있다. 상가에 입단한 초기에는 누구라도 이러한 자신을 위한 시간에 당황한다. 재가 생활에서는 매일 예정에 쫓기지만, 실은 남을 위한 일로 바빴을 뿐임을 깨닫는다. 11시에 두번째 식사를 한 후는 다시 자유시간이 이어진다. 신자가 찾아와 이야기에 빠지는 일도 있다.

저녁 일과는 사원에 따라 다르지만 8시까지는 시작하는 경우가 많다. 아침 일과와 마찬가지로 독경하는 경전은 표준이 정해져 있고 아침 일과보다 길다. 그 후 사원에 따라서는 좌선을 하는데, 이는 어디까지나 관습의 범위이지 상가의 규정은 아니다. 밤에는 승려끼리 이야기하거나 방에서 책을 읽으며 보낸다. 잠자리에 드는 시간은 정해져 있지 않지만 재가 사람과 그다지 다르지 않다. 도시의 수험공부하는 승려들은 밤늦게까지 자지 않는 경우도 많으며, 지방에서는 비교적 빨라 10시경에는 잠자리에 드는 것이 보통이다.

명상과 수행

상좌불교의 수행은 계율을 지키는 생활이 기본인데, 타이에서는 명상법의 실천을 지향하는 승려들이 있다. 그들을 프라 캄마탄이라 부르며 일반적으로 고행자로서의 성격이 강하다. 그것은 단순히 명상을 수련하는 것이 아니라 도보, 노숙을 원칙으로 하는 편력수행(遍歷修行), 사람과 동네를 멀리 떠나 숲속에 거주하는 것까지 포함하는 넓은 의미에서의 실천 수행자의 계보이다.

그들은 짙은 물감을 들인 옷을 입고 편력 여행을 한다. 지니는 것은 세 가지 옷과 발우 하나(三衣一鉢), 그리고 좌선하는 깔개, 약, 물통, 경전, 노숙할 때 모기장으로 치기 위한 대형 우산, 승려의 증명서 등 검소한 여행도구이다. 홀로 편력하는 경우도 있고, 여러 사람이 무리지어 편력하는 경우도 있다. 금세기 전반 동북 타이에서는 만, 후안 등 명승을 따라 수십명씩 편력수행하는 것을 볼 수 있었다고 한다. 현재도 아찬 얀트라 등 유명한 편력고승이 있어 신망을 얻고 있다.

또한 편력을 하지 않을 때는 산속에 기거하는데, 조그마한 오막살이에 사는 경우도 있고 동굴 등에 기거하는 경우도 있다. 어쨌든 재가에서 식사공양을 받을 수 있는 장소에 거주하는 것은 당연하다. 명상승이 머무르는 사원도 북부, 동북부를 중심으로 각지에 설립되고 있다. 도시 지역에 사는 승려라도 자발적으로 연고를 찾아 거기에서 수행하는 경우도 많다.

상좌불교에서 명상은 자기 심리나 몸에 정신을 집중하는 가운데에서 교의를 확립해 가는 방법으로 행한다. 그러나 편력, 산속 거주, 명상 등 고행에 기대하고 있는 것은 정신적인 강인함이자 종교적인 강인함으로 결국은 압도적인 초인성이다. 특히 재가 쪽에서는 프라 캄마탄은 그 수행으로 여러 가지 초능력을 지닌다고 기대하고 있다. 이 계통의 명승에게는 크고 작은 기적담이 따라붙는다. 그리고 사진이나 메달이 초자연적인 힘을 갖춘 것으로 소중히 받들어지는 것도 이러한 민중들의 기대나 존경하는 마음의 표시이다.

제4절 • 교단과 사회

상가와 재가사회

상좌불교라는 종교의 성질상 상가는 재가사회와 일정한 선을 긋고 있으며 결코 혼합할 수 없는 집단이다. 재가사회는 상가에 생활기반을 약속하고 상가는 그 선행의 결과를 약속한다. 이것이 상좌불교에서의 교환구조이다. 상가는 재가와 달리 종교적 규칙인 계율에 의해 생활하고 있기 때문에 특별한 힘이나 성스러움을 보유한다. 그리하여 민중들이 행한 선행에 대해 그 열매를 약속하는 '복전(福田)'으로서 기능할 수 있다. 그러나 생산적 기능을 갖지 않는 상가가 재가의 보시를 받아 생활하기 위해서는 상가는 지리적으로 재가사회 속에 있지 않으면 안 된다. 상가와 재가사회는 같은 사회 안에 있으면서 완전히 이질적인 집단이다.

상가가 신성한 복전이라는 생각은 상가에 대한 여러 가지 선행의 형태를 낳게 한다. 그것은 매일 아침 탁발에 응하는 일에서부터 승려에 대한 식사공양, 일용품의 공양, 승방(僧房)의 건설, 불탑의 건립, 사원의 건립, 나아가 승려 개인이나 상가에 대한 현금기부까지 포함한다. 입학, 신축, 탄생일, 결혼, 장례 등 인생의 모든 고비마다 무언가 선행을 행하고 싶을 때 상가에 보시-공양하는 것은 그 직접적인 방법이다. 기업가

중에는 한 번에 엄청난 금액을 보시하는 사람도 있다. 국민의 90%가 불교도인 타이에서 상가가 움직이는 자금은 상상 이상으로 많다.

복전인 상가에 대한 공양도 선행이지만 더욱 커다란 선행은 스스로 승려가 되어 출가하거나 또는 자기 자식을 출가시키는 일이라고 생각하고 있다. 그래서 일생에 한 번은 상가 안에서 승려가 되어 단 일주일이라도 지내고 싶다고 생각하는 사람이 많다. 이러한 생각은 타이 상가의 한 특징인 '일시출가(一時出家)' 제도의 기반이 되고 있다. 일시출가에는 이러한 최대의 선행이라는 측면이 있는가 하면 이 밖에 근대 이전 사회에서는 교육이라는 측면이 있었다.

현재는 선행과 함께 사회적 통과의례의 의미가 강하다. 타이에서는 회사나 관공서에서도 일시출가자에 대해서 유급휴가를 주는 등 협력하고 있지만, 현대 사회의 바쁜 와중에 실제로 출가할 수 있는 사람은 줄어들고 있다. 그러나 일시출가 제도로 상가와 재가사회 사이에 통풍이 잘 되고 있다는 점은 주목해야 한다. 아무리 성질이 거친 재가자라도 잠재적으로 승려가 될 수 있으며 어떠한 고승도 다음날에는 재가자가 될 수 있다. 재가사회와 상가는 이질적인 집단이지만 그 속의 개인을 보면 고정적으로 어느 한쪽 집단에 속한 것이 아니고, 잠재적으로 양쪽 집단에 속하고 있다. 그것이 타이 상가와 사회라는 이질적이면서 서로 겹쳐지는 특징적인 존재방식을 형성하고 있는 것이다.

상가와 교육

앞에서 잠깐 언급하였지만 근대화 이전의 타이 사회에서 상가는 교육기관으로서의 역할을 다하고 있었다. 일반 민중은 어릴 때 사원에서 승려로부터 읽고 쓰는 법을 배우거나 불교의 가르침에 근거한 사회윤리를 배웠다. 12세 무렵에는 사미로 출가하여 상가 생활이나 경전을 접하고 성인이 되어서는 기회를 보아 비구가 되어 본격적으로 계율을 따르는 생활을 경험하였다.

왕족이나 귀족도 유명한 승려 밑에서 사미가 되어 타이 어나 팔리 어의 기초를 배웠다. 그 후 일반 사회에서 필요한 공무의 기초나 당시 귀족에게 필요한 기술을 배워 다시 비구로 출가하여 교육을 마무리지었다. 그 당시에는 명상법의 거장 밑에 들어가 실천적인 수행 속에서 정신력이나 전쟁에 대비한 주문을 배우는 것이 목적이었다. 현재도 재가에서 승려를 아챤(스승)이라 부르고 자신은 어디어디 승려의 싯트(제자)라고 말하는 것은 그러한 근대 이전의 상가와 재가의 관계 때문이다.

19세기 후반에 일어난 근대화의 흐름 속에서 사원은 그때까지 교육기관으로서의 기능과 연관해서 근대적인 의미에서의 학교를 나란히 세우게 된다. 사원이 가진 학교로서의 기능만을 독립시켜 전국적인 교육조직으로 만들었던 것이다. 교육제도는 그때까지 종교를 관장했던 종교부 밑에 놓이고, 현재 종교국이 교육부 관할하에 있는 것은 이러한 사정을 말해 준다.

현재 상가에 교육기관으로서의 기능이 남아 있다고 한다면 사미나 비구에 대한 교육적 기능이다. 이것은 어디까지나 종교교육을 기본으로 설정하고 있지만 거기에서 얻은 자격이 재가사회에서 중고등학교와 대학의 졸업자격으로 인정받는다. 이것은 경제적 사정으로 어려서 상가에 입단하여 일반 학교교육을 받을 기회가 없는 승려들이 노력 여하에 따라 일반 사회에서 통용되는 학력을 몸에 지닐 수 있는 길이 되고 있다.

승려를 위한 이러한 자격시험을 팔리엔 시험이라고 부른다. 그 기원 자체는 현 왕조 이전부터 볼 수 있으나 사회제도로서 기능하기 시작한 것은 근대 이후이다. 시험은 팔리 어 경전번역이 주가 되나 그 내용은 매우 엄격하다. 그러나 이 시험에서 고졸 자격을 얻어 상가 대학에 진학하거나, 대졸 자격을 얻어 해외유학의 길을 트는 젊은 승려가 있다. 이처럼 상가는 중요한 교육기관이 된다는 점을 잊어서는 안 된다.

상가와 국가

마지막으로 타이에서 상가와 국가의 관계에 대해 간단히 살펴보자.

예로부터 상가가 국왕이나 국가의 지원으로 발전해 왔던 점은 이미 지적한 대로인데, 현재에도 그 관계는 근본적으로 변함이 없다. 그러나 그 내용은 다소 변하고 있는 것 같다. 즉 근대 이전에는 경제를 중심으로 한 후원이었던 것임에 비해 현대는 종교로서의 가치와 지위를 공인하는 정신적인 의미의 후원으로, 또한 제도면에서의 후원으로 변하고 있다.

지위의 공인에 대해서 살펴보자. 타이 헌법은 국왕이 불교도이지 않으면 안 된다는 점을 명기하고 있으며 실제로 국왕은 열성적인 불교도로서 상가가 후원하고 있다. 이 점에서 국왕은 국민의 존경과 신뢰를 받고, 한편 상가 쪽에서도 국교로서 국민 사이에 무조건 두터운 신뢰를 얻을 수 있다.

제도면에서도 상가는 본래의 계율 속에 조직을 총괄하는 시스템을 갖지 않는 집단이다. 이것을 타이 상가로 통일하여 법왕을 정점으로 하는 전국조직으로 이루어지게 하고 있는 것은, 첫째로 재가의 법률인 '상가법'의 규정 때문이다. 더욱이 계율은 법률이라는 측면에서 보았을 경우 수사나 재판, 벌칙의 강제력 등 많은 점에서 불충분한 점을 안고 있는 규정이다. 그래서 실제로 운용할 때에는 '상가법'에 의한 여러 가지

세칙이나 법령이 부가될 필요가 있다. 현재 상가도 계율도 국가와 법률이 없다면 자립할 수 없는 상태에 있다.

그러나 역으로 말하면 상가가 이처럼 느슨한 조직과 규정을 가지고 존재하며 재가사회의 법률이나 상황을 받아들이면서 운영되고 있다는 것은, 상가에게 매우 중요한 점이기도 하다. 만약 계율이 매우 엄격한 규칙이고 그 시대에 따른 정치적·사회적 변화를 일절 받아들이지 못한다면, 상가가 재가사회와 공존하며 사회에 기능하기는 어려울 것이다. 타이 상가의 존재방식은 근대국가에서 상가 존재방식의 한 가지 예로 커다란 시사점을 준다고 볼 수 있다.

제 4 장

불교의례의 민족지(民族誌)

하야시 유키오(林 行夫)

제1절 • 살아 있는 불교

상좌불교 문화권의 역사는 불교의 수용과 융성이 왕권이나 국가의 흥망성쇠와 함께 한다는 점을 보여준다. 상가는 세속사회의 최고 권력자를 최대의 보호자로 삼아 왔다. 그러나 불교는 특권계급만의 종교였던 것은 아니다. 잘 알고 있듯이 동남아시아 불교 문화권에서는 국왕에서부터 농민에 이르기까지 득도(得度) 및 상가에 대한 희사가 관습처럼 되어 왔다.

왕도 농민의 성년 남자도 출가생활을 경험하며, 사원을 건립하고 정비하는 일은 재가신도의 중요한 보시로 행해져 왔다. 또한 하루하루의 생활은 탁발로 시작하고 불일(佛日)이 1달을 채운다. 그리고 연중행사가 된 불교의례가 계절의 세시기(歲時記)를 다채롭게 꾸민다. 불교는 실로 사람들의 생활의 일부로서 널리 실천되어 왔다.

그러한 나라들에서 불교의 사회적 현실은 상가와 세속사회의 상호작용 속에서 생긴다. 그것은 일상적인 습속 관습에서 정치 차원에까지 넓어진다. 불교는 현세 이탈을 설교하지만 문화적으로 보면 불전(佛典) 차원과는 별도로 개인과 지역, 왕제(王制), 정치와의 연관 속에서 역사적으로 다양한 현실을 펼쳐왔다. 그 모습은 국가와 지역마다 다르다. 팔리 경전의 동질성과 교리 해석까지를 포함한 행위로 나타나는 실천의 다양성이 상좌불교의 특징이라고까지 말할 수 있다.

승려의 경우를 살펴보자. 계율은 상좌불교 문화권에서는 모두 동일한 규율이다. 그러나 계율을 지키는 실제의 작법은 반드시 동일하지 않다. 타이의 승려는 오후에 과즙이나 우유를 마시는 것이 허용되지만, 미얀마에서는 자양물이 들어 있는 일체의 음료를 취할 수 없다. 노동, 금전의 소유, 다른 세세한 점에서도 마찬가지이다. 또한 재가자 쪽에서도 그야말로 여러 가지 형태로 토착화한 의례를 볼 수 있고, 국가나 민족, 지역마다 불교 실천의 차이는 더욱 두드러진다.

이러한 차이는 승려와 재가자 어느 경우이든, 경전이 다르다거나 이해가 부족하기 때문이라기보다는 습관이 다른 데서 기인한다. 승속(僧俗)의 불교 실천은 원래 체질화된 행위처럼 넓게 관습화되어 있다. 분석해서 보면 승려와 재가자 양쪽의 다양한 해석을 허용하는 관념으로서의 불교와, 의례가 표현하듯이 지금 여기를 기점으로 하는 행위로서의 불교가 각각 존재한다. 여기에서 취급하는 것은 후자이며 더욱이 구체적인 생활세계에서 행해지는 집합적인 불교의례이다.

각 나라나 민족사회에서 오늘날에도 살아 있는 불교에 공통된 것은 승려와 재가자가 서로 엮어내는 의례의 존재이며 그 실천적 행위가 편재된 것이다. 왕제를 철폐하고 제각기 사회주의의 길을 걷는 미얀마, 라오스, 캄보디아 불교는 이전과는 다른 사회체제 아래에 놓이게 되었다. 거기에서 정책적으로 금지되거나 새로운 이데올로기적 의미가 설정되어 변용된 의례는 많다. 그러나 타이를 포함하여 생활세계 안팎의 사회변화가 불교의 표현양식을 변화시키고 있지만, 주민이 생활 속에서 역사적으로 배양해온 불교의 실천방식에는 일관된 이념도 찾아볼 수 있다. 따라서 과거부터 오늘에 이르는 불교현실을 이해하는 데 있어서 의례는 중요한 고찰대상이 된다.

제2절 · 적덕행(積德行)으로서 불교의례

타이 · 미얀마 · 라오스 · 캄보디아에는 수도는 물론 농촌에도 수많은 불교사원이 있다. 인도지나 전쟁을 경험한 라오스 농촌의 사원은 황폐해졌다. 그러나 거주하는 승려는 없어도 사원은 있다. 사원은 승려가 기거하는 건물인 이상 재가신도가 불교 공덕(puñña)을 쌓는 무대가 된다. 토착주민은 공덕을 얻기 위하여 사원을 세우고 승려을 불러 불교의례를 행한다. 불교의례는 이러한 공덕에 대한 민중적 이해를 빼고서는 성립하지 않는다.

불교의례의 핵심은 보시(dāna)를 기조로 하는 승려에 대한 희사·공양에 의해서 보시자가 공덕을 얻고 덕을 쌓아 스스로 내세나 가까운 미래에 지위가 향상되도록 힘쓴다는 적덕행(積德行, puññakaraṇa)에 있다. 이러한 의미에서 불교의례라는 것은 승려와 재가자가 마주보며 재물과 공덕을 교환하는 행위이다. 수많은 불교의례 가운데 하나하나가 전부 승려가 개재하는 이 적덕행을 주제로 하고 있다. 사람들이 음식을 보시하고, 사원의 건립과 개수를 위해 보시하며, 나아가 스스로 출가하거나 지계행(持戒行)에 힘쓰는 것은 일반적으로 삼보에 공헌하는 적덕행으로 설명할 수 있다.

적덕행의 배후에는 인과응보의 논리가 있다. 즉 개인이 겪고 있는 일이나 사회적 지위는 공덕과 악과(惡果)가 상대적으로 많고 적음에 따라 결정된다는 것이다. 공덕이 많고 적음은 선천적으로 결정되는 것이 아니다. 무한히 반복되는 윤회 전생의 시간 속에서 개인의 행위가 누적된 결과로서 얻게 된다. 그렇기 때문에 현세에서 반복하여 적덕행에 힘쓰는 것이 선행이 된다.

공덕은 개인적으로 축적될 뿐만 아니라 타인과도 함께 나

눌 수 있다는 생각이 지배적이다. 또한 적덕행은 행위자를 기점으로 사회적인 넓이를 가지고 행해진다. 출가는 당사자뿐만 아니라 자식을 상가에 희사한 양친도 역시 공덕을 얻는 이중의 공덕행으로 행해진다. 또한 육친에 그치지 않고 적덕행의 주체자가 은혜를 입은 같은 시대의 다른 사람이나 죽은 사람에게도 공덕이 보내진다. 의례에서는 이러한 회향(回向)이 자주 이루어진다. 그래서 적덕행은 행위 주체의 미래뿐만 아니라 현재나 과거의 사회적 관계를 형성하고 회복시키는 커뮤니케이션의 수단이 되고 있다.

남녀노소와 귀천을 가리지 않고 널리 나타나는 적덕행은 그 자체가 똑같은 불교도라는 사실을 다른 사람에게 적극적으로 알리는 행위이다. 공덕은 개인을 핵으로 하여 미래, 과거, 현재의 다른 사람에게 넘겨줄 수 있는 구제재(救濟財)이며 시공을 초월하는 교통매개체이다. 또한 다시 태어나고 생활 향상을 결정하는 정신적인 힘으로 나타난다. 그러한 의미에서 적덕행은 개인과 상가, 그리고 개인을 둘러싼 세속사회 사이에 두 가지 차원이 뒤섞이는 사회적 행위이다.

그런데 적덕행은 경전 그 자체보다도 인과응보를 설한 자타카 본생담처럼 통속 불교문학이나 그와 연관한 다양한 지방·민족의 구두전승에서 강한 영향을 받았음을 알 수 있다. 그것들은 읽혀지는 대상이라기보다 널리 이야기되는 것이었다. 팔리 문(文)은 원래, 문자를 스스로 구사하지 못하는 사람들에게는 행위의 규범을 이끄는 불교이념이라기보다 말하고 행하는 실천적인 성격의 것이었다. 이것은 불교의례 전반에 따라다니는 행위적(上演的) 성격과 깊게 연관한다.

제3절 · 토착신앙과 적덕행

불교는 찰나에 멸하고 순간에 재생한다고 설한다. 이러한 가르침이라면 죽은 자나 재생할 수 없는 정령이 머무르는 세계를 향해 공덕이 회향된다는 생각은 있을 수 없다. 그러나 공덕의 회향에서 볼 수 있듯이, 인과응보의 논리에 근거한 적덕행의 실천은 본래의 교리와는 다른 영혼관이나 애매한 타계관(他界觀)에 의거하고 있다. 그러한 관념은 농경을 주로 하는 노동과정에서 볼 수 있는 생명관이나 재생 순환을 경험적으로 가르치는 자연에 대한 관념과 무관하지 않다.

벼농사를 생업으로 하는 동남아시아 촌락에서는 결실을 돕는 도혼(稻魂), 논밭의 정령, 쌀창고의 정령을 제사하는 농경의례가 생산과정에서 중요한 의미를 가지고 있었다. 수확이란 사람들의 노동과 생명의 재생을 촉진하는 신들이 돌봐준 결과였다. 순환을 나타내는 영혼관념은 인생의례에서도 볼 수 있다.

타이나 라오스에서는 탄생 직후의 신생아는 정령(phii)의 자식이고, 며칠이 지나야 인간의 자식이 된다. 성장이란 체내에 깃든 혼(크완)이 커나가는 과정이고, 인생의례에는 이 혼을 보호하고 강화하기 위한 것이 많다. 혼이 육체에 다시 돌아오지 않는 상태가 죽음이다. 혼은 밖에서 떠도는 피(phii)가 되고, 일종의 힘으로 이해된다. 일반적으로 생명에 관한 토착신앙은 촌락이나 자연, 농경환경의 인식과 대응하고 사람의 인식을 뛰어넘는 힘에 대한 신앙을 특색으로 한다.

그러나 생산에 관한 신들에 대한 의례는 근대적 지식의 보급과 함께 많이 없어지고 있다. 그러나 지역이나 민족에 고유한 정령의례가 쇠퇴하였다고 해도 그러한 관념까지도 동시에 없어진 것은 아니다. 오늘날 농촌에서 행하는 몇 가지 불교의례는 토착의례와 절충한 것이 있다. 토착신앙이 불교의례에 수렴되거나, 불교의례가 농경의례와 결합한 결과, 여러 가지로 의례의 변화가 일어난다.[1] 그래서 불교의례도 다양한 해석을 내릴 수 있다. 그것은 타계(他界)를 애매한 그대로 방치하는 순환 신앙과, 타계를 결정짓는 불교가 서로 뒤섞이는 과정 속에서 생겨난다.

---

[1] 농경의례와 함께 전통적으로 행해온 조령(祖靈)이나 마을의 수호령에 대한 의례에서는 불교에 의한 변모 혹은 파기의 과정이 더욱 두드러진다. 자세한 것은 졸고 참조.

제4절 • 촌락생활과 불교의례

오늘날도 불교와 왕실을 국가통치의 지주로 삼고 있는 타이에서는 만불절(萬佛節, māghapūjā), 불탄절(佛誕節, visākhapūjā), 초전법륜일(初轉法輪日, āsālhapūjā) 등 불교에 관련된 휴일이 연간 축제일의 거의 반을 차지한다. 또한 입안거(入安居, vassūpanāyikādivasa), 출안거(出安居, pavāranādivasa), 자타카제(祭), 카티나 의봉헌제(衣奉獻祭, kat-hina) 등은 국교의 제전으로 도시와 농촌을 불문하고 전국 각지에서 행해지고 있다. 지방촌락의 집단적 불교의례에는 그러한 국가행사와 대응하는 것이 당연히 포함되고 있다. 아울러 민족의 역사 속에서 계승되어온 의례도 행한다. 더구나 그러한 불교의례는 앞서 말한 토착신앙이나 촌락주민의 생활세계와 밀접히 연관하여 공동으로 실시하는 행사임과 동시에, 안팎의 사회변화를 눈에 띄게 드러내고 있다.

다음에는 동북부 코라트 고원 위에서 벼농사하는 농촌의 불교의례를 구체적으로 살펴보자. 이 지방에는 전국 인구의 약 35%를 차지하는 라오 인(人)이 살고 있다. 또한 전국적으로 등록된 사원의 반수가 집중되어 있는 불교 진흥 지방이기도 하다. 농촌 지역은 오늘날도 여전히 자급자족적 경제를 특징으로 한다. 동시에 최근의 국가 주도의 개발정책으로 인해 도시근교에서는 상품경제의 침투가 두드러진다. 특히 최근

20년 동안 밭작물이나 야채재배 등 환금(換金)작물의 비중이 높아지고 임금노동자도 증가하였기 때문에 자급자족경제는 상당히 후퇴하고 있다. 그러나 지역주민의 한 해의 생활리듬은 여전히 벼농사와 함께 있다.

동북 농촌의 계절은 우계(雨季), 건계(乾季), 서계(暑季)로 나뉘진다. 우계는 5월에서 6월에 들어 본격적으로 시작하여, 강수량이 가장 많은 9월을 거쳐 10월에 끝난다. 11월 이후는 건계에 들고, 기온은 2월까지 섭씨 10도 정도까지 내려간다. 그 직후에 40도 가까이 되는 가장 더운 계절이 3월부터 4월에 걸쳐 계속된다.

고원 위의 동북 지방은 모래 토양이 덮여, 논농사는 거의 빗물에 의존하는 천수답이다. 더구나 강우량이 불안정하기 때문에 논농사를 위주로 하는 타이에서는 미작의 한계지로 여겨지고 있다. 비내리는 시기에 따라서는 모내기가 크게 어긋나 수확도 늦어진다. 그러나 일반적으로 벼농사는 6월 이후에 시작한다. 못자리를 준비하여 7월 이후에 비가 충분히 내리기를 기다려 쟁기질, 써래질, 모내기를 거의 동시에 행한다. 순조롭게 나가면 10월 말부터 12월에 결실의 계절을 맞는다.

온 마을이 진행하는 불교의례는 이러한 농경 순환 사이클과 보조를 맞추어 개최된다. 농한기인 건계에는 의례가 홍수처럼 쏟아지는 시기이다. 그러나 강우 상황 등으로 농사작업이 크게 차질이 생길 경우, 달력은 의례시기를 알려주지만 사람이 모이지 않기 때문에 축소되거나 중지되는 경우가 많다. 반대로 순조롭게 풍작을 맞은 해에는 정해진 수보다 많은 의례가 실시되는 경우가 많다. 즉 마을 차원의 사원을 중심으로 한 불교의례는 사람들의 생업인 농사가 어떻게 되느냐에 따라 달라지고 개최가 유동적이다. 그렇기 때문에 의례의 실행은 실생활의 세시기(歲時記)를 그대로 말해주고 있다.

또한 의례의 규모도 재정면이나 기부상황에 따라 상당한 차이가 생긴다. 그러나 어느 경우이든, 개인적인 보시나 지계행(持戒行)과 달리, 승려나 사원에 대한 보시는 마을 전체 세대가 참가하는 형태를 취한다. 그래서 마을의 비공식적인 종교적 지도자나 촌장을 위시한 행정직원을 중심으로, 다른 마을 사람들과 합의하여 매우 계획적으로 실시한다. 그 운영도 어느 정도 한계는 있으나 조직적이다. 그렇기 때문에 이러한 종류의 의례는 촌락사회를 통합하는 규범적인 역할을 수행해왔다. 마을사람 자신이 스스로 만드는 마을행사, 이것이 연중행사로 진행되는 불교의례이다.

연중행사화한 불교의례의 편성

타이와 라오스에서는 의례를 의미하는 사전적인 말로 피티(phithi)가 있다. 그러나 일상적으로 사용하는 것은 느간(ngan)

이다. 이 말은 보통 일·축하·축제 등으로 번역되는데, 일반적으로 사람들이 모이는 공공의 의례행사 그 자체를 의미하는 경우가 많다. 정령에 대한 의례는 느간 리앙 피(ngan liang phi)이다. 불교의례는 느간 탐분(ngan tham bun) 혹은 느간 분(ngan bun)이며, 더 간략히 분이라고 하기도 하며 분 바로 뒤에 의례의 구체적 이름을 붙인다.

순수한 정령의례에는 분을 붙이지 않는다. 승려가 함께 참여하는 적덕행을 포함하지 않는 의례는 (느간) 분이 아니다. 그렇다고 해서 개인적으로 행하는 그날그날의 식사 보시에는 이 말을 쓰지 않는다. 사람들이 (느간) 분이라고 할 때는 스스로 봉사하여 함께 식사하는 향연을 베푸는 축제를 의미한다.

느간 분은 사람들에게 각별한 날이다. 사원은 정성스럽게 단장한 사람들로 장사진을 이룬다. 하루하루 승려의 탁발에 대해서 자발적으로 응하는 식사 보시가 그러하듯이, 적덕행 그 자체는 결코 특별한 행위가 아니다. 그러나 득도식이나 장례의 적덕행은 개인이나 집안을 넘어 참가자를 친족이나 마을 안팎으로 확대하여 다양한 사회적 유대를 가질 수 있도록 진행한다. 더욱이 마을 단위에서 연중행사처럼 진행하는 불교의례는 그 범위가 더욱 넓어진다. 규모면에서뿐만 아니라 조직적 운영면에서도 최대이다. 사원을 중심으로 행하는 불교의례는 재가자 사이에 공공적인 장을 갖기 때문에 적덕행의 사회성이 더욱 강하게 표현된다. 거기에서 적덕행은 재물이나 공덕을 다른 사람과 함께 나눈다. 이것은 상호부조를 존중하는 세속규범의 종교적 행위로 볼 수 있다.

집단적 불교의례인 느간 분은 두 가지 힘이 결집하는 행사이다. 한편에서는 수계를 하고 보시를 행하는 적덕행이 있고, 또 한편은 급히 만든 무대나 공개적인 도박에 금전이 난무한다. 한쪽에서 승려가 팔리 문을 제창하고, 다른 쪽에서는 사람을 모아놓고 사랑타령이나 무용을 하려고 경내에서 서로 겨룬다. 이러한 상황에서 많은 돈이 낭비된다.

여기에 처음 참가하는 이방인은 이처럼 대조적인 두 가지 세계가 부딪치는 것을 보고 순간 아찔하여 현기증마저 느낄지 모른다. 금욕적인 불교 질서가 표현하는 고요함과 무질서에서 오는 시끄러움이 뒤섞여 있기 때문이다. 이것은 매우 인상적인 느간 분의 특징이다. 이러한 장에서 공덕은 개인과 타인에게 함께 있다는 점이 피부로 느껴진다고 할 수 있다.

라오 인 사회의 히트 십프손

라오스와 동북 타이의 라오 인(人) 사회에서 연중행사처럼 된 느간 분을 히트 십프손이라고 한다. 직역하면 '12규율'이다. 1년 동안 공동으로 실시해야 할 12가지 의례라는 의미이다. 하나하나 의례의 명칭과 내용은 지방에 따라 약간 차이가

있어 반드시 통일되어 있지는 않다.[2]

먼저 전통적인 연중행사를 소개하는 여러 문헌 가운데에서 표준이라고 생각되는 것을 모아보면 표1이다. 대개의 의례가 적덕행을 목적으로 한 것이기 때문에 그 개최시기는 농사와 대응한다. 표1에는 이미 오늘날에는 없어진 몇 개의 의례가 있다. 또한 느간 분이라고 해도 농경의례나 수호령에 대한 의례를 겸해서 실시하는 것도 있다.

표 가운데에는 라오 인 사회에만 전승되어 온 의례가 있다. 주의할 것은 라오 인 사회라고 해도 라오스는 사회주의화되고 타이에 거주하는 라오 인도 타이화되었기 때문에, 양쪽의 사회 문화는 오늘날 상당히 이질적으로 되어 양자를 동일시할 수 없다. 실제로 중부 타이가 대표하는 전국적으로 표준화된 의례와 다른 의례들이 있다. 그러나 대나무 로케트를 쏘아 올리는 반하이 기우제 의례 등[3] 양쪽 라오 인 사회에서 연중행사로 계속되어 온 몇 가지 의례는 라오 인의 역사적 아이덴티티를 여전히 지속시켜 왔다고 할 수 있다.

---

[2] 이 촌락 차원의 의례체계가 관습적으로 실시된 시기에 대해서는 왕실의 연중행사력(曆)과의 연관 등 흥미로운 문제를 포함하고 있지만 확실하지 않다.

[3] '진리의 의례(bun satcha)'라고 부르는 것도 있다. 이 의례의 해석에 대해서는 탐비아의 분석이 가장 우수하다.(Tambiah 1970 : 285~311)

〈표1〉 라오 인 사회 일반의 히트 십프손

구력	1월	'고행승을 향한 적덕행' bun khao kam
(舊曆)	2월	'수확 후의 적덕행' bun khun lan
	3월	'태운 쌀(燒米) 헌상제(獻上祭)' bun khao chi
	4월	'자타카 탄생제' bun phawet
	5월	'송크란 관수제(灌水祭)' bun songkran
	6월	'방파이 기우(祈雨)의례 · 득도식' bun sangfai
	7월	'마을의 재앙 제거를 위한 적덕행' bun samha*
	8월	'입안거제(入安居祭)' bun khao phansa
	9월	'식지반 공양제(飾地飯 供養祭)' bun khao pradapdin
	10월	'제비뽑기 식사공양제' bun khao sak
	11월	'출(出)안거제' bun ok phansa
	12월	'카티나옷 헌상제' bun kathin

*bun samha : 저녁에 승려가 행하는 성수산공(聖水散供), 다음날에는 탁발 식시(食施)의례. 락크무안, 마헤삭크, 수호령 등에 대한 초복(超福)의례. 다른 문헌에서는 같은 시기에 bun boek ban 을 올린다. 의례 목적은 완전히 같다. 다른 의례도 동일.

표1을 보자. 구력(舊曆) 1월의 분 카오캄(고행승을 향한 적덕행)에서는, 승려가 저지른 승잔죄(僧殘罪, abat/āpatti)를 반성하고 다른 승려 앞에서 고백한다. 승려는 숲이나 승방에 머무르며 고행을 하고 몸과 마음을 깨끗이 한다. 재가자는 그동안 승려의 신변을 돌본다. 고행을 거쳐 바르게 지계(持戒)하는

청정함을 회복한 직후의 승려에 대한 보시는 커다란 공덕을 낳는다는 것이다. 또한 이것은 '쌀을 바치면 쌀창고가 가득 찬다'는 전설과도 연관되어 있다.[4]

구력 2월의 분 쿤란(수확 후의 적덕행)에서는 직역하면 '벼 타작하는 곳의 확대의례'의 의미인데, 풍작을 축복하고 기원하는 의례이다. 벼베기를 끝내고 창고에 거둬들이기 전에, 수확한 벼를 타작하여 쌓아 둔 곳에 승려를 5명 이상 초청해서 행한다. 식사 공양이 있고, 승려는 타작하는 장소와 논에서 성수산공(聖水散供)을 행한다. 나아가 벼를 수확한 후 쌀창고에서 도혼(稻魂)의 강화의례를 실시한다. 이 의례에는 승려는 무관하다. 이 의례에 앞서 사람들은 다가오는 1년간 사용할 땔나무와 말린 대나무를 숲에 모아두지 않으면 안 된다고 한다.

이러한 의례에는 적덕행의 인과응보가 직접적으로 쌀의 생산, 수확과 대치되는 것이 특징이다. 연중의례는 아니지만 비슷한 것으로 수확 직후 쌀을 승려에 기진하는 분 카오쿰냐이〔대미(大米)보시의례〕가 있다. 그 선덕으로 다음해에 수확이 잘 된다는 의례이다.

다음으로 일련의 연중의례를 동북 타이 KK현에 있는 D촌에서 실제로 행하는 것과 비교해 보자.(*표2 참조) 의례의 항

---

4) 이 보시 외에 수호령의 공양을 동시에 행한다는 타이 어 문헌도 있다.

〈표2〉 D촌에서 행하는 히트 십프손 / 1983년

1	'신년의 적덕행' bun pi mai*	개최일 신력 1/1
2	'태운 쌀 헌상제' bun khao chi (新曆) 1/28	
3	'임시출가 의례제' bun buat chi phram* 1/30~2/5	
4	'황의(黃衣) 봉헌제' bun thot pa pa* 2/2, 3/20, 4/9	
5	'자타카 탄생제' bun phawet 2/6~7	
6	'송크란 관수제' bun songkran 4/13~16	
7	'마을의 재앙 없애는 의례' bun boek ban* 4/16	
8	'불탑기원제' bun ku* 5/26	
9	'입(入)안거제' bun khap phansa 7/24	
10	'식지반 공양제' bun khao pradap din 9/6	
11	'제비뽑기 식사공양제' bun khao sak 9/21	
12	'출(出)안거제' bun ok phansa 10/21	
13	'카티나 옷 봉헌제-로이카튼' bun kathin 10/22~23, 11/5~6	

* = 새롭게 연중행사화된 의례.
- 6월부터 8월의 3개월 동안은 전혀 집단적인 불교의례는 없다. 모두 13종류로 합계 15회의 의례가 행해지는데, 그 가운데 거의가 농한기에 집중된다.
- 방파이 기우의례는 행하지 않는다. 3년에 한 번 개최한다.

목은 거의 다르지 않으나, 등롱류(燈籠流 로이카튼), 수확 후에 행하는 '황의봉헌제'(파파 의례)가 더해지고 있다. 또한 극히 최근에 연중행사화된 의례도 있다(표 가운데 1, 3, 7). 마을의 재앙을 물리치는 의례는 개최시기가 다르다. 표1과 특별히 다른 점을 살펴보자. ① 농경에 직접 관련한 의례가 빠져 있다. 대부분 농경의례는 세대주 단위에서 형식적으로 행해지고, 집단적 의례로 직접 행하지 않는다. ② 라오 인 사회에 계승되어 온 의례가 전반적으로 소규모화 되거나(표 가운데 2, 10), 혹은 생략되는 경향이 있다.

기우제이기도 한 방파이 의례는 D촌에서는 3년에 한 번 꼴로 행한다. 원래 방파이는 득도식과 함께 개최되어 왔다. 이 의례는 득도 지원자가 전혀 없는 해에는 실시하지 않는다고 설명되기도 하지만, 현실적으로는 개최 예산이 다른 주요 불교의례에 돌려진다는 마을의 경제사정에 영향을 입는다. 또한 이 의례 자체는 최근 관광국의 관광객 유치정책으로 향토 전통의례라는 이벤트 상품으로 지정되어 거의 농경의례적 색채를 잃고 있다. D촌에 있는 사람들도 즐겨 그것을 구경하러 가고 있다.

카오사크 의례는 나중에 보듯이 전국 각지에서 볼 수 있는 보시의례의 지역변이형(變異型)이다. 그것은 카오프라답딘과 똑같이 역할하는 선조령(先祖靈) 공양의례로 행해지고 있는데, 공덕회향을 중시하는 불교의례의 문맥 속에서 존속하고 있다고 말할 수 있을 것이다.

이른바 상좌불교 문화권과 타이 전역에 공통된 순수한 제전으로서의 의례(표 가운데 4, 5, 9, 12, 13 / 어떤 의미에서는 11도) 가운데 4, 13 특히 13은 불교의례 최대의 보시의례이다.

실제로 이 의례에서의 기금액수는 단연 수위를 기록한다. 다른 의례의 10배 가까이나 된다. 그러나 함께 연중행사로 정례화된 것은 최근 수십년의 일이다. 이것은 새롭게 등장했다는 뜻이 아니다.

이 행사는 주최자가 단독으로 하나의 사원에 이름을 걸고 행하기 때문에, 이를 실시하려고 해도 자금을 준비하지 못해 개최하지 못하는 수가 많았다. 그러나 흥미로운 점은 이 두 가지 의례는 1년에 합하여 다섯 차례나 실시되었다. 수도에서 국왕이나 실업가가 주최하고 홍보하는 사실까지 고려하면, 이 의례는 화폐경제의 침투로 점차 전국적으로 공통되는 행사의 하나라고 할 수 있다.

이처럼 미시적인 촌락사회에서는 연중행사로 실시하는 의례들에서 시간적인 변화를 분명히 볼 수 있다. 보시의례가 정례화, 대규모화되면서 전국적으로 공통된 불교의례는 점점 자금이 많이 드는 중요한 의례로 자리잡고 있다. 확실히 집단적인 의례체계에서는 전국 공통의 불교의례가 두드러지는 경향을 보인다.

제5절 · 불교의례의 민족지(民族誌)-카오사크

다음에는 카틴 의례에서 고전적인 보시 형태를 보고, 그 위에 라오 인의 카오사크를 어느 정도 자세히 살펴보자. 지금까지 그다지 알려지지 않은 카오사크는 불교의례와 기본적 형식을 같이 하면서도, 농경의례와의 관계, 토착신앙과 불교와의 연관이 선명하게 나타나고 있기 때문이다.

카틴 의례

카티나 옷(kaṭhina)을 바치는 카틴 의례는 불교가 수용된 당초부터 행하고 있다(石井 1975 : 109). 카틴은 원래 옷을 재단하기 위한 목재 형틀이다. 그러나 일반적으로 카티나 옷으로 통한다. 이것은 우안거(雨安居)를 끝낸 카티나기(期 : 구력 11월 黑分 15일~12월 白分 15일까지)만 석존이 착용을 허락한 특별히 만든 황의(黃衣)이다.[5] 특별한 사원은 카티나 옷을 1조만 받을 수 있다.

촌락에서는 최대의 공덕을 얻는 보시행이다. 보통의 경우 마을의 사원이 다른 마을의 보시자로부터 카티나 옷과 보시

---

5) 원래 목면포였으나 오늘날은 비단으로 만들어 호화롭다. 또한 음력 12월 만월이 지나면 카티나 옷은 헌상할 수 없다. 그 이후의 법의 헌상의례는 특히 과과(野衣 혹은 단순히 황의), 반사완(죽은 자의 옷)이라고 부른다.
6) 보시재(布施財) 가운데에서 빠뜨릴 수 없는 것은 승려의 '8물(物)' (borikhan/parikkh ra) 즉 발우・3의(衣)・요포대(腰布帶)・삭도(削刀)・재봉구・여과기이다.

재(財)를 받는데,[6] 그러한 후보자가 없는 경우는 마을 사람들 자신이 그것을 행한다. 반드시 다른 마을 사람이 주도권을 가질 필요는 없다. 오히려 중요한 것은 주최자가 여러 사람인 득도식이나 그 밖의 의례와 달리, 한 세대주(혹은 친족을 대표하는 인물)가 하나의 사원에 대해서 이름을 걸고서야 비로소 실시할 수 있는 의례라는 점이다. 그리고 국왕도 예로부터 실천해 온 상가에 대한 경제원조적 행위라는 점, 이 두 가지가 중요하다.

또한 지방촌락에서 카틴 의례가 중요하게 여겨지는 이유는 그 의례가 최대의 보시행위이고 많은 금품이 기증되기 때문이다. 기증액과 향연의 규모에서는 다른 불교의례를 훨씬 능가한다. 식사 대접도 상가뿐만 아니라 모인 사람 전부에게 행한다. 그것은 상가의 물질적 기반을 강력히 뒷받침하는 선행으로 강조하고 있기 때문이다.

촌락에서 의례는 보통 이틀에 걸쳐 행한다. 첫날은 멀리서 온 사람을 포함하여, 주최자측에 가까운 친척이 향연에 쓸 쌀이나 헝겊, 그 밖의 금품을 가져온다. 그리고 승려에 바칠 식사나 과자, 공양품을 만든다. 전야제에는 경내에서 사람들을 모아놓고 오락공연을 하고, 강당이나 주최자 집에서는 마을 사람에게 식사나 술 등을 대접한다. 경비의 절반 이상을 여기에 쏟는다. 다음날 주최자는 사원에서 카티나 옷을 위시한 승려의 일용품이나 현금을 헌납하고, 그 후 세상을 떠난 근친

(近親)의 영에게 공덕을 보낸다. 이것은 헌수(獻水)의 의식 (yatnam, kruatnam/ dakkhiṇodakasiñcana)으로 행한다. 승려가 경을 읊는 동안 하나의 그릇에서 다른 그릇으로 물을 옮기고, 승려가 공덕을 올리는 상대방의 이름과 생전에 살았던 세대 번호를 불러 마지막으로 축복경을 제창하고 끝난다.[7]

카오사크 의례

카오사크는 카오사라크라고도 부르듯이, 카오사라카팟트를 간략히 부르는 라오 어(語)이다. 사라카팟트라는 말은 제비를 뽑아 당첨된 승려가 받는 형식으로 헌상되는 음식물들로, 붓다시대로부터 식량이 부족하여 기근에 시달리는 해에 취하는 식사 보시의 방법이라고 한다. 이 의례는 사라카팟트 헌상제로 여기에서는 '제비뽑기 식사공양제'라고 의역해 둔다.[8]

---

7) 최근 이 카틴 의례에 항상 따라다니는 행사로 등롱류(燈籠流)와 유사한 로이칸이 있다. 라오스 해안지방에서는 크메르의 파굼 왕을 기린다고 하여 보트경기를 행한다.
8) 타이에서는 이 '제비뽑기 식사공양'은 궁중을 비롯하여 타이 전역에서 연중행사로 되고 있다. 중부에서는 카오크라야사트(가을철 정령에게 바치는 공양식사)라고 부르고, 구력 6월부터 입안거까지 과일이 풍부한 시절에 행한다. 궁중에서는 구력 7월, 북 타이에서는 구력 10월 흑분 15일부터 11월 흑분 8일 사이에 행한다. 의례에서 바치는 것은 지역에 따라 다르다.

동북 타이, 라오스에서는 이보다 15일 앞서 실시하는 카오 프라답딘(飾地飯)과 같이 죽은 사람에 대한 공양으로 행한다. 죽은 사람에 대한 공양 그 자체는 다른 의례에서도 헌수(獻水)에 의한 공덕의 회향을 볼 수 있다. 그러나 시아귀(施餓鬼)를 중심적인 주제로 삼는다는 점, 그리고 의례 전체가 타계(他界)의 우주론을 분명히 드러내고, 죽은 사람과의 교감을 집단적으로 실천하는 점에서 양자는 각각 독자적인 의례가 되고 있다.

　기능적으로 보면 두 의례는 똑같지만, 동북 타이에서는 카오사크가 빠짐없이 게다가 대대적으로 실시되는 것에 비해, 카오 프라답딘은 규모가 적고 생략되는 일조차 있다.[9] 종종 마을 사람들은 국왕도 행하기 때문에 카오사크 쪽이 중요하다고 설명한다. 또한 의례에서 나타내는 표상 자체도 카오사크 쪽이 더욱 포괄적이다. 먼저 두 의례의 기원에 얽힌 이야기를 통해 양자의 차이를 알아보자.

카오 프라답딘 의례

　핌피산 왕의 친척 중에 승려의 식사를 무단으로 먹었기 때문에 벌을 받아 죽은 자가 있었다. 그래서 아귀(餓鬼)가 되었

---

9) 그 평가에서도 압도적으로 카오사크를 중요하게 여기고, 카오 프라답딘은 평가가 낮다.

다. 어느 날 핌피산 왕은 승려에게 식사 보시를 하였다. 그러나 옛날 친척이었던 아귀에게는 식사 보시를 하지 않았다. 이에 분노한 아귀들은 밤에 왕궁에 몰래 들어가 소동을 피워 사람들을 두려움에 떨게 만들었다. 다음날 왕은 붓다에게 예배하고 사정을 말하여 지시를 받았다. 그랬더니 아귀에 대해 당연한 공양을 하지 않았다는 것이었다. 그래서 곧 왕은 아귀에게 정중히 공양을 하여 그 노여움을 풀었다. 그리고 그 후 왕은 승려에게 식사 보시할 때에 아귀에게 공양하는 것을 게을리하지 않았다.

동북 타이에서 죽은 육친에게 장례한 후 다시 날을 잡아 공덕을 보낸다는 분 체크카오(供養飯의례)의 기원이 되는 것이 이 카오 프라답딘이라고도 한다.

카오사크 의례

풍족한 집안의 자식이 있었다. 부친이 죽고 나서 모친은 나이가 알맞고 집안이 좋은 처녀를 며느리로 맞았다. 결혼하여 몇년이 지났으나 자식이 없었다. 그래서 모친은 다른 여자를 첩으로 짝지어 주었다. 첩은 얼마 지나지 않아 옥동자를 낳았다. 본처는 이를 질투하여 첩을 그 자식과 함께 죽이고 말았다. 숨이 끊어지기 전에 첩은 본처에게 복수할 것을 맹세하였다. 다음 세상에서 첩은 고양이로, 본처는 닭으로 다시 태어났다.

고양이는 닭을 계란과 함께 먹어치웠다. 그 다음 세상에서는 한쪽이 호랑이로, 다른 쪽이 사슴으로 태어났다. 호랑이는 사슴과 그 새끼를 잡아먹었다. 마지막 세상에서는 한쪽은 인간으로 또 한쪽은 귀녀(鬼女, yaksini)로 전생하였다. 인간 쪽은 결혼하여 자식을 뺐다. 그러나 귀녀는 두 번에 걸쳐 뱃속의 아이를 잡아먹었다. 세번째로 아이를 임신하였을 때, 인간으로 태어난 여자는 자기 양친과 남편과 함께 도망하였다. 무사히 출산하여 아이가 안전하다는 것을 확인한 후 부부는 집으로 돌아왔다. 그러자 귀녀가 들어와 부부와 아이를 습격하였다.

아내는 남편과 함께 아이를 데리고 체트완 마하비한(chetwan machawihan)이라는 이름의 정사(精舍)로 도망하였다. 거기에서는 붓다가 마침 설법하고 있는 중이었다. 두 사람은 아이를 내밀며 구해달라고 요청하였다. 뒤따라 온 귀녀는 이 정사에 들어갈 수 없었다. 천신(테와다)이 앞에 버티고 서있었기 때문이다.

붓다는 설법을 들려주기 위해 아난다에게 귀녀를 들어오도록 이르셨다. 붓다는 귀녀에게 복수심을 갖지 않도록 타이르셨다. 그리고 마지막으로 논밭에 살게 하였다. 귀녀는 강우(降雨)와 홍수에 대한 지식을 가지고, 어느 해에 비가 오는가 어떤가를 땅 주인에게 알릴 수 있었다. 사람들은 귀녀를 숭배하고, 충분한 식사를 빠짐없이 귀녀에게 바쳤다. 귀녀는 이들 식사를 하루 8명의 승려에게 사라카팟트(제비뽑기 식사)로 매일 보시하였다.

이러한 구전(口傳)으로부터 라오 인들은 '제비뽑기 식사' 공양을 전통적 관습으로 계승하여 왔다. 의례를 행하는 날에 농민들은 카오사크를 승려에게 바침과 동시에, 이미 죽은 육친의 공덕을 위해 그것을 사원 경내에 둔다. 그리고 나아가 이 귀녀 혹은 자기의 논밭의 영(phi sua na)을 위해 식사를 올린다. 나중에 이 귀녀는 논밭의 수호령(타헤크)이라고 부르게 되었다.

이미 분명해지듯이 시아귀를 주제로 하는 식지미(飾地米) 의례에서는 아귀는 그대로 아귀인 것에 대해, 카오사크에서는 윤회전생의 결과 불교에 귀의한 귀녀가 사람들의 생활의 수호령이 된다. 승려에 대한 보시자는 전자에서는 왕이지만, 후자에서는 '본래' 아귀이다. 게다가 수호령이 제비뽑기 식사를 바치는 불교 귀의자로 묘사되고 있다. 테와다도 등장하는 카오사크의 기원담(起源譚)에서는 재앙을 막기 위한 소극적인 시아귀가 아니라, 불교 귀의에 의한 '존재의 변용'이 주제이다. 그것은 불교에 대한 종속을 전제로 한다. 죽은 영(靈)에 대한 시아귀는 재생이라는 이름의 변용을 지향하여 행한다.

---

10) 이하는 타이 어 문헌에서 인용한 것이다. 양자의 기원담은 종종 《법구경》의 일설로서 언급되는데 내용은 거의 자타카에서 따온 것이다.

그렇다면 다음으로 의례의 현장에서 말하는 카오사크에 대해 살펴보자.[11] 사람들은 말한다. 의례를 행하는 동안에 사원 안에는 죽은 사람이 전부 모인다. 지옥의 요마반(閻魔)이 이 세상에 나오는 것을 허락하기 때문이다. 어떤 젊은 남자는 의례를 행하는 당일에는 지옥이 텅텅 빈다고 한다. 죽은 사람 모두가 다시 태어나기 위한 공덕을 얻으려고 나가기 때문이다. 또한 독실한 신자로 알려진 어떤 무당은 때로 이렇게 말하기도 한다. 오늘은 악령 이야기를 할 수 없다. 악령 이야기를 하면 공덕을 받으러 왔을 뿐인 악령을 죽이게 되기 때문이라고.

덧붙여서 재가인측의 의례절차를 맡는 노승의 말을 들어보자. 원래 카오사크는 풍년수확을 기원하여 벼의 신(난코소프)에 대해 카오사크를 보시하고, 벼를 숭배하는 의례였다. 따라서 카오사크는 원래 논밭에 방치되지 않으면 안 된다. 벼의 신은 논밭에 있기 때문이다. 또한 이 카오사크는 벼베기를 할 때에는 논밭의 수호령(타헤크)에게도 바쳐진다고 한다. 더욱이 의례에 참가한 노승은 다음과 같은 해석을 하고 있었다. 먼저 이 의례는 죽은 자에 대한 공양이다. 공덕을 보내는 것이 제일 중요하다. 나아가 벼의 신에게 카오사크를 바쳐 벼가

---

11) 동북 타이 D촌에서 1983년 9월 20일(구력 15야 만월)에 필자가 기록한 것이다.

순조롭게 자라 풍작이 되기를 바란다고 한다.

이러한 내용에서는 카오(米, 飯)를 붙인 두 가지 의례는 본래 타계하여 이 세상 존재가 아닌 아귀나 사령(死靈)에 대한 보시를 겸하는 것은 공통된다. 하지만 카오사크 쪽에는 풍작을 기원하는 농경의례와 그 연관이 분명하다. 또한 양자의 차이는 바치는 공물 그 자체에도 나타나고 있다. 카오 프라답딘에서는 공물은 한 종류이다. 그 내용은 다음에 나오는 카오사크 보따리 자체와 다르지 않으나, 라오 인에 의한 카오사크 의례에서 사람들이 준비하여 가져오는 식사에는 세 종류가 있다. 각각 바나나 잎으로 싸고 있다.

① 호카오냐이(大飯包) : 구운 개구리, 풋고추, 주먹밥을 넣은 것. 보따리로는 가장 크다. 승려에게 바치는 식사이다. ② 호카오야트남(獻水用 식사 보따리) : 가장 많은 종류의 식사를 포함한다. 고추 한 개, 마켄이라 부르는 향기로운 열매, 젓갈, 광저기, 개구리와 닭고기, 호박, 가지, 바나나, 얇게 썬 라임 한 조각, 연초. 어느 것이나 아주 조금씩 들어 있다. 이것은 지모신(地母神)을 비롯한 여러 신들의 식사가 된다. ③ 호카오사크(제비뽑기 식사 보따리) : 안에 있는 내용물은 ②와 거의 같으나, 양은 ②보다 적고 포장양식도 다르다. ①, ②는 사각 모양으로 포장하지만, 이것은 길게 막대 모양으로 싼다. 죽은 육친에 대한 공양식이 된다.

같은 D촌의 사례에서 의례절차를 살펴보자. 제비를 준비하는 것은 당시의 부촌장이다. 아침 일찍부터 사원위원회 사람들이 강당 중앙에 돗자리를 펴고, 초청한 승려나 견습승의 숫자대로 알루마이트 쟁반을 나열한다. 쟁반 위에 막대를 세워 그 끝에 종이를 끼운다. 종이에는 정면 왼쪽부터 순서대로 승려들의 이름을 번호와 함께 기록하고 있다. 하나의 쇠주발을 놓고, 그 안에 승려 숫자만큼 기록한 번호 제비(사례에는 16까지의 수)를 넣어둔다.

보시자가 들어온다. 세대주 단위이다. 그 처가 대부분을 차지한다. 제비를 뽑는다. 그 번호를 기록한 쟁반에, 가져온 세 가지 보따리 가운데 가장 커다란 호카오나이를 꺼내 그 포장을 풀고 내용물을 놓는다. 차차 제비를 뽑아 식사가 순서대로 놓여지면서, 이윽고 커다란 산을 만들기 시작한다. 참가자의 거의 전원이 제비에 뽑히면, 사원위원회의 남성이 이미 준비한 식사에서 조금씩 취해 별도의 한 쟁반에 담는다. 이것을 '테와다 신의 식사'라 부르는데, 이것은 테와다 신에게 바쳐진다.

10시가 지날 무렵, 의례 지식에 밝은 재가자 장로 B 한 사람이 카오사크의 유래 등을 설명한다. 참가자의 대부분은 담소하고 있고, 거의 귀를 기울이는 모습이 아니다. 11시를 기다려 승려와 재가자는 서로 마주보며 별도의 장로 S의 주도로 삼귀의문(nomothasa)을 낭창하며 계율 간청을 시작한다. 장로 B가 쟁반 하나를 들어 올리며 카오사크의 헌상(獻上)을 고

한다. 다시 삼귀의문을 낭창한다. 그리고 공덕의 전송으로 이동한다. 이것이 끝나고 승려들은 자신에게 바쳐진 쟁반 위의 음식을 먹기 시작한다.

승려들이 식사하고 있는 동안 참가자들은 호카오야트남과 호카오사크를 가지고 경내로 나간다. 경내을 둘러싼 묘지 옆에 있는 나무나 혹은 큰 나무 그늘을 골라 같은 친족끼리 모인다. 카오사크 보따리를 나무가지에 걸어 블럭 담 위에 놓거나 한다. 둥그렇게 원을 이룬 사람들은 나무 밑에 호카오야트남을 놓고 보자기를 펼친다. 그리고 조그만 병에 넣어 가져온 물을 그 위에서부터 뿌린다. 그리고 제각기 방금 펼친 보따리 위에 물을 뿌린다. 이 헌수(獻水) 의식이 5분 정도로 끝나면, 승방에 있는 큰북이 둥둥 울린다. 프레타가 왔다는 전갈이다. 사람들은 재빨리 여기저기에 놓아두었던 카오사크를 집어든다. 어떤 사람은 그것을 가지고 논밭 쪽으로 가지만 강당으로 가는 사람들이 많다.

승려의 식사는 이미 끝나고 재가자가 그 나머지를 먹는 순서이다. 다른 불교의례와 마찬가지로 사람들은 승려에게 바쳐진 음식을 일단 모아 사원에 비치된 접시에 솜씨 좋게 나눠 담는다. 그리고 줄줄이 앉아 담소하면서 식사를 한다. 역시 이러는 사이에 사원위원회 사람은 기금액을 집계하고 있다. 이윽고 재가자측 식사가 일단락 되는 정오가 지나면 노승이 설법대에 올라 설교를 시작한다. 공덕의 행방에 대해 잠시 이야기한다. 주지하듯이 지모신(地母神)이 죽은 자에게 공덕을 보내줄 것을 강조한다. 그 후 장로 B가 재가자측이 보시한 여러 물품들(돗자리, 常施食 명목의 돈(1인당 20바츠))의 헌상(獻上)을 알린다. 의례는 오후 1시에는 모두 끝난다. 강당을 나와 대부분 사람들은 밭두둑에 카오사크를 놓으며 논으로 향한다.

의례에서는 사원을 공유하는 N촌과 D촌을 합쳐 3,046바츠의 기금이 있었다. 거기에서 승려에 대한 기금이나 그 밖의 경비로 합하여 980바츠를 바치고, 잔액 가운데 2,000바츠를 당시 건립중에 있는 보살당(菩薩堂)의 건설자금으로 충당하였다.[12]

카틴 의례도 그러하듯이, 승려에 대한 헌상식(獻上食)의 조달은 집단적인 불교의례에 늘상 따라다닌다. 대규모 의례는 세대와 친족이 함께 일하는 기회가 된다. 불교의례에서 그와 같이 서로 돕는 것도 적덕행이 된다고 여겨지고 있다. 카오사크 준비에 드는 작업도 같은 의미를 갖는다. 친족이 함께 식

---

[12] 조사 당시(1983년) 1바츠는 약 10엔. 이 액수는 같은 해에 행한 다른 의례와 비교하면 극히 평균적인 액수이다. 카틴 의례와 마찬가지로 중요한 마하챠트 의례에서는 2,770바츠였다. 참고로 D촌의 1인당 1년 평균 수입은 1981년 기준으로 5,325바츠이고, 비슷한 시기에 동북 타이 농촌의 1년 평균수입은 6,123바츠이다.(1983년에는 동북 7,146. 같은 해 방콕은 51,441바츠)

사를 준비하여 다같이 식사하는 동안, 돌아온 영(靈)이 그것을 등뒤에서 보고 있다고 말하듯이, 의례를 위해 함께 일하는 것이 더욱 중시된다.

카오사크 의례에서 세 종류의 보따리는 모두 세속에 살지 않는 자에게 바쳐진다. 음식의 행방은 현세를 떠난 승려, 공덕을 죽은 자에게 전달한다는 지모신, 테와다처럼 불교 산하에 있는 수호신의 공간, 그리고 사령(死靈)의 세계이다. 그러나 승려에게 바쳐지는 것은 수호신에게도 나눠지고 나중에는 사람들도 함께 먹는다.

여기에서 사람들은 공물과 공덕의 교환·축적·분배, 그리고 함께 식사하는 의식을 통해 다른 세계에 사는 죽은 자와 여러 신들과 의사소통한다. 또한 재가자측은 그러한 위치 설정으로 승려나 상가를 파악하고 있다. 현세를 떠난 자(=승려)는 이계(異界)와 이 세상의 매개자이다. 이것은 모든 불교의례에 통하는 구조이다.

또한 카오사크 의례에서는 불교 공덕의 회향이 풍작의 관념과 상당히 근접하여 나타난다. 어떤 노승은 이 의례에서 지모신과 벼의 신에 대한 공양이 행해진다고 설명한다. D촌에

---

13) D촌과 달리 N촌에서는 마을 수호령이 남아 있다. 따라서 양쪽 마을이 함께 참가한 카오사크에서는 N촌의 기금액은 매우 적었으나 마을 수호령에 대해 별도의 식사를 헌상하고 있다.

서는 일찍이 논이나 벼, 밭에 각각 신이 있어 그들을 제사하는 의례가 있었다. 현재 이와 같은 토속적인 신들에 대한 의례는 일반적이지 않다. 마을 수호령을 파기한 이래, 모든 토지는 국왕의 소유가 되어 지모신이 보호하게 되었다고 한다. 즉 토속적인 신들에 대한 신앙은 불교의례의 회로(回路) 속에서 달리 해석되고 있다.

그러한 도식적 이해는 의례 지식에 밝은 마을 엘리트라고 할 수 있는 몇몇 노인들의 이야기이지, 다른 사람들이 똑같이 공유하고 있는 것은 아니다. 그러나 토착신앙이 불교의례에 편입된 결과, 이전 농경의례가 개별적으로 실시되어 취사선택할 수 있는 의례로 위상이 낮아지고 있다. 벼농사하는 농촌에서 불교의례는, 다양하게 해석할 수 있는 공덕을 여러 생물 모두가 감수하는 재생의 힘이라는 한 가지 방향으로 나아가게 하는 장치가 되고 있다고 할 것이다.

맺음말

농촌 사람들에게 공덕을 낳는 불교란 먼저 금욕의 세계에서 성립한다. 계율을 지키는 것이 그 구체적 지침이며 승려가 그것을 구현한다. 승려와 일반인을 구별하는 것은 지계(持戒)의 유무이다. 그러나 타이나 라오스 농촌에서는 지계만 하면 사원이나 승려가 없어도 재가 상태에서 공덕을 쌓을 수 있다고 생각하는 사람들을 만날 수 있다. 제도가 필요없다고 하는 이러한 개인적 실천이 한편에 존재한다. 그러한 금욕적 세계를 공공의 축제공간과 나란히 연출하는 데에 바로 집단적 불교의례의 본질이 있다. 그것은 각기 일상생활에 매몰된 사람들에게 경계적(境界的)인 경험을 준다. 게다가 그것은 반복되고 관습화된다.

적덕행으로서의 불교의례는 실천 주체인 개인을 기점으로 친족, 부락, 국가 차원을 관통하고 있다. 의례는 불교적 세계관뿐만 아니라 그것을 포섭하는 세속질서를 재생산하는 기구(機構)를 낳으며, 생활시간의 리듬과 대응하면서 사람들의 행위 속에 아로새겨진다. 그 행위의 메시지는 현세이든 곧 다가올 내세이든 물질적 정신적 향상과 과보를 기원하는 것에 있다.

한편 우리는 앞에서 그러한 불교의례가 사회와 그 변화에 대응하는 것을 보았다. 최근 타이에서는 지방촌락의 사원이 점차 정비되어 의례의 개최는 더 한층 성행하고 있다. 전국적인 불교의례에서는 왕실이나 자산가가 상가와의 강한 '옹호-귀의' 관계를 표현하는 카틴 의례가 촌에서는 가장 대규모로 실시된다. 더욱이 어느 정도 제한적이었던 이 보시행은 대중화하여 새로운 개최양식을 갖는 '공동 카틴'으로 정착하기 시작한다. 한 촌락 사원에 대해서 여러 사람이 주최자가 되어 공동으로 보시한다.

참가자의 범위를 확대하고, 여행행렬을 이루어 행하는 것이다. 다른 곳에 사는 사람이 사원을 찾아, 먼길을 아주 느릿한 행렬로 법의를 헌납하러 가는 '카틴 참예(參詣)'는 옛날부터 있었다. 그러나 최근에는 교통기관이 발달하고, 타관살이 하다가 귀향(금의환향)하는 기회가 늘었기 때문에 구경을 겸한 자선사업적 관광풍경이 더해지고 있다. 또한 이러한 불교의례가 관광 목적으로 성행하는 것은 카틴뿐만 아니라, 파파(황의봉헌제)에서도 분명히 볼 수 있다.[14]

그러나 공공적인 사원 건립이나 불교의례의 개최에도 자재, 인원, 금품이라는 자본이 필요하다. 화폐경제가 침투하고 있는 촌락에서 집단적인 불교의례가 순조롭게 행해지고, 또한 제례적(祭禮的) 성격이 더욱 강화되고 있는 배경에는 그러한 잉여자본의 축적이 있다. 공동사업인 불교의례가 융성하고 있는 것은 경제생활의 향상과 무관하지 않다. 그러나 화폐경제는 마을 사람들 모두의 생활을 고르게 향상시키는 것은 아니다. 반대로 그것은 촌락사회의 계층화를 불러일으키는 요인이 되고 있다.

---

14) 최근 동북 타이에서는 황의보다도 사원을 매개체로 하여 경제적으로 가난한 마을 사람들에게 쌀이나 물소를 주려는, 경제원조를 목적으로 하는 의례로서 꽤 널리 행해지고 있다.

사람들 사이에는 불교적 실천에 대한 다양한 견해가 동시적으로 존재한다. 그것은 개인과 집단을 포함한 역사적 경험과 분리할 수 없다. 불교의례의 제례화는 의례를 도구화하는 한편, 실천의 선택폭을 넓혀 다양한 해석을 촉구하기도 한다. 살아 있는 불교의 현실은 만화경처럼 확산되고 있다.

그러나 상좌불교 문화권에 공통된 점이 있다. 그것은 종종 경합하는 이러한 복합적인 종교적 지식이 생성되는 과정에서 차이나 모순을 포함하면서도 동일한 불교를 말하게 하는 실천적 행위의 요해론(了解論)이 폭넓은 전통으로서 계승되고 있다는 점이다. 적덕행이 의미하는 '토착의 불교'가 실로 그것이다. 그러나 이 전통은 더욱 새로워진다. 현세를 기점으로 한 타계(他界)와 연속, 비연속, 초월의 관념을 둘러싸고 풍요로움을 기원하는 각각의 실천이 계속 뒤섞이고 있다. 전 세계적인 사회변화의 물결이 상좌불교 문화권을 뒤덮고 있는 현재, 그 실천의 의미는 점점 미시적인 세계에서 물어야 할 것이다.

참고문헌

アヌマン・ラーチャトン(森幹男編譯),《タイ民衆生活誌 1・2》(井村文化事業社, 1979, 1984)

青木 保,〈タイ佛教儀禮の分類〉,《民族學研究》39卷 4號, 298~323頁, 1975.

Beraval, Rene de, 1959. *Kingdom of Laos: The Land of the Million Elephants and of the white Parasol*.

Davis, Richard B., 1984. *Muang Meta physics: A study of Northern Thai Myth and Ritual*, Pandora.

林 行夫,〈ダルマの力と歸依者たち―東北タイにおける佛教とモータム〉,《國立民族學博物館研究報告》14卷 1號, 1~116頁, 1989.

生野善應,《ビルマ佛敎―その實態と修行》, 大藏出版, 1975.

石井米雄,《上座部佛教の政治社會學―國教の構造》, 創文社, 1975.

岩田慶治,《カミの誕生―原始宗教》, 講談社學術文庫, 1990.

Spiro, Melford E., 1970. *Buddhism and Society A Great Tradition and Its Burmese Vicissitudes*. Harper & Row.

Tambiah, Stanley J., 1970. *Buddhism and the Spirit Cults in North-east Thailand*. Cambridge University Press.

Terwiel, B. J., 1979. *Monks and Magic: An Analysis of Religious Ceremonies in Central Thailand(second edition)*. Curzon Press.

Wells, Kenneth E., 1975. *Thai Buddhism: Its Rites and Activities(3rd edition)*. Suriyaban Publishers.

제 5 장

불교문학(미얀마)
앗타카타가 말하는 불교세계 - 담마파다를 중심으로

하라다 마사미(原田正美)

제1절 · 미얀마 불교문학의 모체

들어가는 글

동남아시아 내륙에 위치한 미얀마·타이·라오스·캄보디아 일대에는 스리랑카 전통의 상좌불교가 퍼져 있다.

상좌(上座)란 석존의 제자, 장로를 가리키는 말로서 상좌불교는 석존의 제자들이 기원전 544년 이래 지켜온 정통적인 불교라는 의미를 갖는다.

상좌불교의 특징은 출가와 재가의 명확한 구별에 있다. 출가는 파리얏티(불법, 가르침을 이해하고 전파하고 설명하여 밝히는 것)와 파티팟티(실천, 명상수행하는 것), 파티베다(깨달음, 통찰력을 길러 깨달음을 얻는 것)의 존속을 위해 수행하고, 자력으로 해탈을 지향한다. 한편 재가는 경제활동을 하지 않는 출가 집단을 경제적으로 지원하고 공덕을 쌓음으로써 더 좋은 내세, 나아가서 하늘에 태어나기를 바라는 세계관을 가지고 있다고 할 수 있다.

상좌불교는 미얀마에서는 11세기에, 타이에서는 13세기에, 캄보디아와 라오스에서도 그와 거의 같은 시기에 확립되어 왕권의 정통성을 유지하는 데 이용되었다. 그들은 때때로 이웃 나라 승려를 초청하여 정화를 꾀한다. 그리고 불상·불사리(佛舍利)·보리수와 함께 경전인 패엽(貝葉)을 붓다로 간주하고 신앙의 대상으로 여겨 오늘날 여전히 그 구현자로서 승려를 떠받든다.

그런데 동남아시아 불교문학이라는 관점에서 스리랑카 상좌불교의 성립을 볼 때, 거기에서는 커다란 전개를 볼 수 있다. 그 하나는 기원전 3세기 아쇼카 왕 시대에 그 아들이었던 마힌다 장로가 전수하여 구전으로 전파되고 있었던 가르침이, 밧타가마니 왕(기원전 1세기) 치세에 비로소 문자화되어 패엽에 새겨진 것이다. 한편 스리랑카에 퍼져 있었던 그 가르침에 대한 방대한 분량의 주석도 그 무렵 문자화되었는데, 그 양쪽을 가리켜 스리랑카 상좌불교의 대전통을 확립하였다고 한다. 일반적으로 전자는 삼장경전(三藏經典)이라 하고, 후자는 장외경전(藏外經典)이라 부른다. 그리고 그 장외경전인 주석서류야말로 실은 각 나라 문학에 커다란 영향을 미치게 된다.

그래서 장외경전의 여러 주석 가운데에서도 경전에 직접 주를 단 '앗타카타'라 불리는 주석서에 초점을 맞추어 고찰해 보자.

파리얏티 활동과 불교문학

각지에서 가져온 삼장경전과 여러 주석서는 출가 활동의 하나인 파리얏티 활동의 일환으로 수많은 주석서 편찬으로 이어진다.

붓다의 언어인 팔리 어에 의한 삼장경전 곧 '경(經)' '율(律)' '논(論)'이 있는데, 출가자는 출가자를 위해서 정해진 '율' 즉 계율을 지키고, 최종적으로 깨달음으로 이끄는 가르침이라고 여기는 '논' 즉 아비담마까지 깊이 파고드는 일이 주요한 관심사가 아닐 수 없었다.

한편 출가는 후배의 교육과 재가의 교화를 위해서도 경장의 주석서를 편찬·번역하는 데에 힘썼다. 그 가운데에서도 《자타카 앗타카타》[1](일반적으로 자타카 즉 본생담)를 비롯하여 이야기풍이 강한 경장의 소부(小部) 경전의 주석서군(群)은 각

---

1) 동남아시아에 공통된 문학의 문제를 개관한 책으로서는, Patricia Herbert and Anthony Miller ed : South-east Asia Languages and Literatures A Selected Guide, London.

국의 불교문학에 커다란 영향을 주어, 어느 나라에서도 자기 언어로 표현하지 않은 것이 없다. 그것들은 실은 모두 붓다고사 등 스리랑카 주석가의 손으로 이루어진 것이다.

미얀마에서는 붓다가 멀리서 오셨다는 이야기뿐만 아니라 붓다고사가 찾아왔다는 전설까지[2] 존재한다. 그래서 그들 일파가 산스크리트계를 이단으로 여기는 전통에 따라, 미얀마에서 파마야나, 마하바라타는 17세기 이후 타이를 거쳐 도입되기까지 계속 냉대를 받을 정도였다.[3] 또한 역으로 스리랑카에는 존재하지 않고 미얀마·타이·캄보디아·라오스에만 존재하는 자타카 50화(話)《짐메파나타》[4], 불교교훈서《니티》[5] 등도 제재(題材)로서 아주 친숙한 것이었다.

---

2) 여러 설을 정리하여 고찰한 것으로는, 池田正隆〈上ビルマの 佛敎傳說 をめぐつて その3〉《大谷中-高等學敎硏究紀要》9, 1971.
3) Lu Pe Win, U, "Buddhaghosa and Burma", pp. 93~100. JBRS, LVIII, i, Oct., 1975, Rangoon.
4) 16세기경 쳄마이 지방에 퍼져 있었던 민화 50여 가지를 수집하여 자타카풍으로 다시 정리한 것. 대부분은 연애가 동기가 되고 있는데, 어느 것이나 유포되고 있었던 나라마다 내용이나 수가 각각 다르다. 상세한 것은 Fickle, Dorothy Helen : An Historical and Structural Study of the "Panasa jataka". (Doctoral Dissertation), 1978, Univ. of Pennsylvania.
5) 교훈서의 일종으로 각 나라마다 역시 차이가 있다. 자세한 것은 Heinz Bechert & Heinz Braun, "Pali Niti Texts of Burma", Text Series No. 171, 1981 London.

미얀마의 불교문학

미얀마에서 불교문학의 시작을 보면, 파리얏티의 일환으로 미얀마 어에 의한 경장의 주석활동이 있으며 출가와 재가 양쪽이 교법을 설명하고 청문함으로써 각각 공덕[6]을 쌓는다는 행위 속에서 생겨났다고 할 수 있을 것이다.

1057년 아노라타 왕 시대에 삼장경전이 전해진 이래, 미얀마에서는 다른 어느 상좌불교권보다도 주석활동을 중시하였다고 해도 과언이 아니다. 스리랑카에서 생긴 여러 주석서 이외에 티카·무라티카·아누티카 등 주석서에 거듭 팔리 어로 주석을 다는 데까지 파리얏티 활동이 성행하였다. 13,4세기에 걸쳐 문법 주석서의 집필이 활발하게 된 뒤, 17세기경부터 아비담마가 중심이 된다.[7]

경전의 번역활동을 본격적으로 볼 수 있는 것은 17세기 이후인데 그 방대한 양의 주석서류가 늘어나는 상황을 보면 놀

---

6) 십선사업(十善事業) 혹은 십복사업(十福事業)이라고도 하는데, 행복을 가져오는 선행을 말한다. ① 보시 ② 계 ③ 수습(修習) ④ 존경 ⑤ 작무(作務) ⑥ 소득의 보시 ⑦ 수희(隨喜) ⑧ 청법 ⑨ 설법 ⑩ 견직업(見直業)이다. 자세한 것은 우쬬타란타라, 《南方上座部佛敎のおしえ》 1985, 세계평화파고다.
7) 상세한 것은 池田正隆〈南方上座部佛典土着化の 過程__ミアンマ__〈ビルマ. 불교연구ノート(1)〉《大谷中-高等學校硏究紀要》 26, 1989.

랄 뿐이다.[8] 또한 당시 미얀마를 방문한 서양인의 기록에도 경전을 모아둔 창고에 있는 엄청난 패엽(貝葉)에 놀라는 기록이 적지 않다. 일부는 중국 것보다 더 많다고 감탄하는 사람까지 있었다.[9]

여러 앗타카타 속에 담겨진 문학성이 풍부한 내용을 근거로, 미얀마 어로 직접 번역하거나 초역(抄譯)을 시도하여 미얀마 불교문학 작품이 탄생한다. 그것은 미얀마에 의한 불전의 주석서라고 해도 좋고, 형식은 산문에 한정되지 않았다. 오히려 초기에는 '표(佛典敍事詩)'라 부르는 운문형식을 취한 여러 작품이 작성되고 있다. 그것들은 단일한 이야기를 어떻게 유려한 운문체의 미얀마 어로 읊조릴 수 있을까를 중요시하였다. 그것에 대해 산문작품은 초기에는 '웃투(이야기 모음)', 나중에 '파카사니' '디파니' '챤' 등 여러 가지 이름을 갖는다. 이것들은 어떻게 두루 전적(典籍)에 통달하고 있고, 이야기에 나오는 각각의 인물이나 사물에 대해 경전군을 근거로 얼마만큼 포괄적이고 상세하게 그리고 요점을 서술할 수 있으며, 미얀마 어 표현이 간결하고 적확한가가 평가의 기준으로 되었다.

---

8) Mabel Haynesaynes Bode, "Pali Literature of Burma", 1965, Rangoon.
9) E. P. Q. uigly, "Some Observations on Libraries, Manuscripts and Books of Burma from the 3rd Century A.D. to 1886, 1965, London.

경장 가운데 붓다의 전세(前世) 속에서 547생에 걸쳐 쌓은 선행을 말하고, 과거와 현재의 인연을 나타낸 《자타카 앗타카타》, 디팡카라 붓다(燃燈佛)에서 시작하는 과거 붓다들의 계보와 그들 밑에서 붓다가 쌓은 수행, 청원, 수기(授記) 등을 내용으로 한 《자타카 앗타카타》의 서장 〈니다나카타〉, 붓다시대 인도에서 살았던 사람들의 활동을 과거와 현재의 인연으로 파악한 《담마파다 앗타카타》《파라맛타 죠티카》《테리가타 앗타카타》《테라가타 앗타카타》 등 소부경전의 앗타카타들은 특히 문학성이 풍부하여 자주 이용한다.

산문작품만을 예로 들어도 인와시대에 싱 마하티라운타는 《파라야나 웃투》를 저술하였다. 이것은 출가 재가 남녀 8인이 아라한이 되기까지의 이야기를 정리한 것으로, 각각 인물의 상황을 소부경전 주석서에서 찾아 재구성한 것이다. 냐운얀시대에는 와라비틴가나타 승정이 〈스타소마 자타카(제375話)〉를 근거로 사람을 잡아먹는 것이 나쁘다는 것을 설한 《마니콘다라 웃투》를 저술하였다. 이것도 역시 《자타카 앗타카타》 547화의 대부분을 〈스타소마〉의 문맥에 따라 배열을 바꿔 망라한 것이다. 타운비라 승정이 저술한 《얏타왓다나 웃투》는 《담마파다 앗타카타》의 쿰바고사카 이야기를 바탕으로 하여, 정진하면 명예가 증대한다고 하면서 자타카 이야기 140을 근거로 설명하고 있다. 싱삿다마린카라 승정의 《야다나카라 웃투(寶藏 이야기 모음)》는 《담마파다 앗타카타》 305

이야기 모음 가운데 252화를 번역하여 다른 경전과 합한 것이다.

이들 일군의 이야기 모음은 특정 주제에 따른 경전의 재편집인 것으로, 18세기 이후는 오직《니다나카타》에 여러 가지 상황을 담아 부풀린 일대불전(一大佛傳)이 중심적인 테마가 된다. 디베인 승정이 지은《타타가타 디차니 찬(如來感興의 義釋)》(1772), 제2메디 승정에 의한《마라랑카라 웃투(華鬘의 帆 이야기 모음)》(1798), 그리고 치테레탓 승정이 저술한《지낫타 파카타니(勝利의 顯示)》(1858) 등이 그것이다.

또한《자타카 앗타카타》에 대해서는 일대 자타카 번역이 1782년 밈브 우오바타의 손으로 시작되어 다른 두 승려가 뒤를 이어받아 1826년 전편을 완료하였다. 그 밖에도 1781년부터 1812년에 걸쳐 547화의 자타카 전부를 냐운칸 승정이 번역하고 있다. 그 후에도《담모 파데타 웃투(法의 敎示 이야기 모음)》(1829)《자가표베 찬(法語錄)》(1831)《챠핀 타야사(法話集)》(1858)《카위만다메다니(詩의 精髓地)》(1850) 등 여러 가지 명칭으로 번역이 반복되고 있다.

제2절 · 미얀마 불교문학과 담마파다 앗타카타

그 가운데 일부의 이야기만 편집되어 들어가거나 단일한

앗타카타로서 몇번이고 손수 번역되는 경전의 하나가 《담마파다 앗타카타》이다. 앞에서 말한 《야다나카라 웃투》 이외에도 《담마파다 앗타카타 웃투》, 싱타라닷시가 지은 《담마파다 앗타카타 니사야》, 트야챠운 승정에 의한 《담마파다 웃투도지(4권)》, 아신산디마가 저술한 《타야바운조옷 담마파다 웃투도지(5권)》 등이 있다. 1898년에 《야다나카라 웃투》가 인쇄된 후에도 10여 종이 번역, 초역되어 오늘날까지 출판되고 있다.

문헌으로서 형태를 취하는 한편, 《담마파다 앗타카타》는 교설의 제재로서 널리 불교도 사이에 친숙하기도 하다.

재가자는 포살일(布薩日), 연기(年忌), 불교 축제일, 혹은 탄생, 결혼 등의 축하, 장례 등에 승려를 부르거나 사원에 가서 식사공양이나 희사를 하고, 그때마다 관련된 교설을 듣는다. 오늘날까지 경전의 인용 없는 교설은 있을 수 없는 미얀마에서, 이야기의 다양함과 함께 마지막에 교법의 진수가 수반되는 이 경전은 오히려 자타카보다도 교설의 형태에 더 적합하였다고도 말할 수 있다.

담마파다와 담마파다 앗타카타

지금까지 미얀마에서 불교문학은 경장(經藏)의 앗타카타에 압도적으로 의거해 왔다는 점을 살펴보았다. 그렇다면 앗타카타라는 것은 원래 무엇인가. 앗타카타가 불교문학의 모체로서 자리잡고 있다는 것은 도대체 어떠한 의미가 있을까.

그래서 여기에서는 전적(典籍)으로서나 교설의 제재로서도 가장 중요한 앗타카타였던 《담마파다 앗타카타》를[10] 중심으로 그 점을 생각해 보기로 하자.

《담마파다》[11]는 경장의 소부경전에 속한다. 그 성립연대는 분명하지 않지만, 언어의 사용으로 보아 기원전 3세기경이라고도 추정되는 가장 초기의 경전이다. 각 부파에 각각 구전이 전해져, 26장 423게문으로 이루어진 이 경전은 동남아시아에서는 아주 오래전부터 애송되어 왔다고 한다. 서양 여러 나라에 소개되면서부터는 세계적으로 가장 유명한 불교성전이 되었다.

일본에서도 메이지 중엽 이후 근대적인 불교연구의 방법론이 도입되어, 아함경을 존중하는 사상운동 속에서 이루어낸 《담마파다》(법구경)의 역할은 크다. 그 이후 수많은 번역 연구가 이루어졌다. 그 고상하고 품격 높은 게송은 열반을 지향하

---

10) 《담마파다 앗타카타》의 영역 E.w. Burlingame : Buddhist Legends, translated from the original Pali test of the Dhammapada Commentary : 1921, Cambridge. Mass.. 《담마파다 앗타카타》속의 이야기는 자타카 등 다른 경전이나 주석서에서 똑같은 이야기를 확인할 수 있다.

11) 《법구경》. 담마는 법, 파다는 시구라는 뜻이다. 여러 부파의 전본(傳本)에는 간다라 어·프라크릿트 어·한역·티베트 어 본 등이 있다. 자세한 것은 水野弘元 《法句經の研究》 1981, 春秋社.

는 불교의 이상을 엄격히 설명하고 있다. 동시에 많은 사람들에게 이해하기 쉽고 실증적인 경구집(警句集)으로서 불교경전의 대표로 여겨져 왔다.

한편 그 주석서인 《담마파다 앗타카타》는 장외경전에 포함되어, 서기 5세기경 스리랑카에 전승되고 있었던 주석을 팔리어로 다시 고친 것이다. 앞에서도 말했듯이 주석한 사람의 이름은 붓다고사로 여겨지고 있다.

앗타카타라는 것은 본래 삼장경전 본전(本典)에 주석을 단 것이기 때문에 먼저 《담마파다》의 게송이 있고, 그 다음에 그것이 설교된 장소가 서술된다. 그 후 인연 이야기가 삽입되고 다시 어구에 따라 해설이 되며, 그리고 청법자(聽法者)가 결과적으로 얻은 깨달음의 단계가 밝혀진다. 인연담은 우화로서가 아니라 어디까지나 주석서로서 사실성을 띠고 있다. 즉 45년 붓다의 교법 선포 속에서 붓다가 그 시구를 어디에서 누구에 근거하여 말했는가 하는 문맥이 제시된다. 그 대부분은 당사자의 과거세 이야기에 속한다.

이것은 문맥 자체가 붓다가 말씀하신(혹은 참여, 승인하신) 것이고, 그 문맥 안에서 《담마파다》의 시구가 말해졌다는 것을 보여준다. 물론 앗타카타와 본전에서 더 중요한 것은 본전일지라도 해석의 기준은 항상 앗타카타에서 구해졌던 것이다. 인연담의 이야기는 붓다고사 혹은 다른 주석가가 행한 일종의 해석이라기보다는 붓다 자신이 해명한 내용을 더욱 자세하게 해설하였다고 평가할 수 있다.

그렇다면 그러한 이야기 전체는 어떠한 불교세계를 묘사하고 있을까.

제3절 • 담마파다 앗타카타가 말하는 불교세계

붓다의 가호와 구제

자기야말로 자신의 의지처이니. 실로 다른 누구에게 의지할 수 있으리.
자신을 잘 다스리면, 얻기 어려운 아라한과(阿羅漢果, 의지처)를 얻으리라. (160)[12]

이것은 《법구경》속에서도 너무나도 유명한 시구이다. 거

---

[12] 이하 《법구경》의 인용 시구의 역은 友宋圓諦 《法句經》 講談社, 1975, 中村元 《ブッダの眞理の ことば 感興のことば》 岩波文庫, 1978, 宮坂宥勝 《眞理の花たば》 筑摩西房, 1986을 참조하면서, Ashin Tiloka, thara, "Kithmidhamma-padevutthudo-ji"(現代版 ダンマパダ大物語集)1976, Rangoon의 해석에 따라 필자가 시역(試譯)한 것. 또한 앗타카타 이야기의 요약도 이 책에 의거하였다. 고유명사는 미얀마 어음에 준하였다.

기에서는 원시불교에서 자기의 본연의 자세를 설명하고 있다. 즉 인간의 의지처는 자기자신이고, 신이 아니라는 입장을 상징하고 있다. 이 시구의 인연담에도 거기에 어울리는 이야기가 있다. 이 시구의 이야기는 크마라캇사파 모친에 연관하여 설명하고 있다. 그녀는 남편이 출가한 후 자신도 비구니가 되었는데 이미 임신하고 있었다. 그녀는 다이바닷타 집단에 들어가 있었는데, 불문에 들고부터 자식을 뱄다고 비난받자 붓다가 자식의 결백을 증명하였다. 그 자식이 후일 출가하여 아라한이 된다. 모친은 12년에 걸친 애착을 끊고 아라한이 되었다는 것이다.

그러나 한편 앗타카타에서는 자력으로 자신을 구제하는 것만을 설명하고 있는 것은 아니다. 오히려 붓다는 구제자라고 할 수 있는 성격을 지니고, 그 가호로 사람들이 깨달음에 이른다는 이야기도 많이 있다. 붓다는 종종 세상을 멀리 내다보시고, 시기가 성숙하여 불과(佛果)를 얻을 때가 된 사람을 찾아본다. 그리고 그곳에 여러 가지 신통력으로 달려가 마치 현존하는 것처럼 조화를 보이거나 빛을 발하거나 하여, 그 사람에게 적합한 법을 설하고, 각각 어떤 깨달음의 단계에 도달하게 한다.

이름도 없는 베짜는 처녀는 아라비 국(國) 사람과 함께 3년 전에 붓다로부터 마라나탓티 카마탄(死念法)을 받고, 대부분 사람들이 일에 쫓겨 실천하지 않는데도 홀로 나태함 없이 수행에 열심이었다. 붓다는 세상을 내다보시고 그 처녀가 아라한이 될 것을 예견한다. 그래서 아라비 국에 이르러 처녀와 청중이 보는 앞에서 다음과 같은 문답을 펼친다.

붓다가 물었다.

"어디에서 왔는가?"

"모릅니다."

"어디로 가는가?"

"모릅니다."

"모르는가?"

"알고 있습니다."

"알고 있는가?"

"모릅니다."

전세(前世)가 무엇이고 내세에는 어디로 가는지는 알지 못하지만 죽는다는 것은 알고 있다. 그러나 그것이 언제인가는 알지 못한다는 것이 이 문답의 의미였다. 그러나 모여 있던 많은 청중들은 무슨 뜻인지 짐작하지 못했다. 그래서 붓다는 다음의 시구를 창한다.

세상에 사물을 보지 못하는 자 많다. 이 세상에서 능히 분별하는 자는 적다. 그물을 빠져나가는 새가 적듯이, 하늘의 열반에 이르는 자는 적다.(174)

또한 키사고타미는 결혼하여 자식을 얻지만 걸음마를 시작할 무렵 죽고 만다. 죽음의 의미를 알지 못한 채 사체를 안고 약을 구하러 다니는 그녀에게 붓다는, 한 사람도 죽어나간 일이 없는 집에 가서 겨자씨를 구해오라고 지시한다. 어떤 집에나 종자는 있지만 많은 사람이 죽었다고 한다. 살아있는 인간보다 훨씬 많은 인간이 죽어 갔음을 알고 그녀는 자식을 버리고 붓다 밑으로 되돌아 온다. 그녀는 붓다로부터 죽음은 어떤 사람도 때가 되면 데려간다는 설교를 듣고 출가한다. 어느 날 촛불이 커졌다 줄어들었다 하는 것을 보고 있던 붓다는 향당(香堂)에 앉은 채로 빛을 발하여 다음의 게문(偈文)을 설한다.

죽지 않는 열반의 경지를 보지 못하고 백년을 사는 것보다 죽지 않는 열반의 경지를 보고 하루를 사는 쪽이 훨씬 낫다. (114)

이 게(偈)를 듣고 키사고타미는 아라한이 되었다고 한다.
미모를 자랑하는 케마 왕비는 붓다와 만나기를 두려워하여 청법(聽法)에도 나가지 않았다. 그런데 빔비사라 왕의 권유로 강당에 발을 들여놓았다. 그 순간 붓다는 천녀로 하여금 가장 아름다운 모습에서부터 늙어빠져 피골이 상접한 모습까지 재빨리 보여주도록 하였다. 케마 왕비는 그것을 보자 놀라고 고뇌하게 된다. 그래서 붓다는 《법구경》의 시구를 창한다.

> 거미가 거미줄에서 잠들듯이, 애욕에 집착해 있는 사람들은 욕망의 물결에 휩쓸린다. …… 사려깊은 사람들은 미련없이 애욕을 끊으며 스스로 모든 고뇌를 버리고 나아간다.(347)

제5장 어리석은 자편 제11화도 이와 같은 줄거리이다. 과거 캇사파 붓다 시대에 어떤 장로가 있었다. 그는 덕이 높은 아라한에게 식사 보시를 받기보다 분뇨를 먹는 쪽이 더 고귀하고, 보시받은 가사를 걸치느니 알몸으로 지내는 것이 더 존귀하며, 보시받은 침대에서 자는 것보다 땅 위에서 자는 쪽이 더 고상하다는 등의 말을 하여 아라한을 중상하고 스스로 성인이라고 거짓말을 하였다. 그는 죽어 아비지옥에 떨어졌다.

다시금 재생하여 역시 붓다시대에 하루종일 실오라기 하나 걸치지 않고 한쪽 발로 서서 입을 벌려 공기를 마시고 있다고 속이며 분뇨를 먹고, 55년간 나형외도(裸形外道)인 쟘브카로서 성인이라고 가장한다. 그러나 그도 붓다가 미리 아라한이 될 것을 예견하고, 그곳에 가서 조화를 보임으로써 아라한을 얻게 하고 있다.

> 어리석은 자가 매월 모초(茅草) 곁에 붙어 먹을 것을 취하려는 고행을 설사 백년이나 계속하여도, 그 가치는 진리를 분별

하는 사람들 고행의 16분의 1에도 미치지 못한다. (70)

 그 후 이것을 들은 8만 4천의 유정(有情) 생물이 해탈하였다고 한다.
 그 밖에 297화의 스난다야뭇다가 창녀에게 유혹당하고 있을 때에도 빛을 발하여 법을 설해 아라한과를 얻게 한다. 또한 승려가 보는 앞에서 타메잉을 벗었다 입었다 하는 여인에게 바야흐로 유혹에 걸려들고 있던 것을 보고, 향당에 앉은 채로 빛을 발하고 법을 설해 아라한과를 얻게 하고 있다.
 이상 몇 가지에서 알 수 있듯이 《법구경》에서 설하고 있는 자력적 성격이 앗타카타에서는 붓다의 가호와 구제에 맡겨지는 형태로 묘사되는 경우가 많다.

아라한을 초월하는 붓다

 너희들은 스스로 정진하라. 여러 붓다는 다만 걸어갈 길만을 보일 뿐이다. 실천하고, 욕망을 바로 보는 자만이 악마의 구속에서 벗어날 것이다. (276)

 이 시구는 원시불교에서 붓다의 입장을 잘 나타내고 있다. 즉 붓다는 교법을 알리는 자에 불과하고 중요한 것은 스스로가 실천하는 일이다. 그렇게 함으로써 누구라도 붓다에 도달할 가능성이 있다는 것이다.

그러나 앗타카타의 문맥 속에서는 의미가 다르다. 즉 그러한 길을 발견하고 붓다에 이르는 것은 오직 고타마 붓다뿐이다. 출가자는 그 길을 따를 수는 있지만 붓다에 도달하지 못하고 최고의 단계인 아라한까지만 가능하다는 것이다. 그리고 가르침은 붓다가 계시처럼 보여주고 사람들은 그것을 청문함으로써 아라한이 된다.

거기에서 불타는 아라한과는 다른 초월성을 가지고 있다. 앞의 시구는 다음 시구에 이어서 설해진 것이다.

여러 가지 길 가운데 8개 부분으로 이루어진 바른 길이 가장 훌륭하다. 여러 진리 가운데 사제(四諦)가 가장 훌륭하다. 여러 가지 덕 가운데 정욕을 떠난 열반이 가장 훌륭하다. 사람 가운데 붓다가 가장 훌륭하다. (273)

이 여덟 부분으로 이루어진 바른 길만이 진리를 보는 작용을 맑게 하는 길이다. 이 밖에는 길이 없다. 너희는 이 길로 나아가라. 이것이야말로 악마를 물리치는 길이다. (274)

너희가 이 길을 걷는다면 괴로움을 없앨 수 있으리라. 정욕의 가시에서 벗어날 방법을 알아, 나는 너희에게 이 길을 가르치노라. (275)

말할 것도 없이 이것은 바로 붓다의 가르침의 진수라고 하는 사성제, 팔정도를 설명한 부분이다. 이것에 의한 실천을 통하여 각자가 붓다가 된다는 것을 가르치고 있다.

그런데 이들 4개의 시구에 대한 앗타카타의 줄거리는 다음과 같다.

500명의 비구들이 모여 어떤 길은 평탄하고, 어떤 마을은 땅이 고르지 않는가 등 이야기를 하고 있을 때였다. 붓다가 비구라면 외부에 존재하는 길에 대해 이야기하는 것이 아니라, 성인으로서 걸어야 할 길에 대해 생각해야 한다고 하시며 사제 팔정도를 설명하였다. 그리고 이들 시구를 듣던 비구들은 아라한이 되어 청법하러 오는 사람들에게 이익된 교법을 설했다고 한다. 즉 그들 500인 비구는 사제 팔정도를 실천했기 때문이 아니라 그 가르침을 붓다로부터 들음으로써 아라한이 되었던 것이다.

앗타카타에서는 수행만을 하여 그 결과로 아라한이 되는 것을 단언하거나, 그것이 단정적으로 강조되고 있지는 않다. 그것은 필요조건이기는 하나 충분조건은 아니다. 때로는 필요조건조차 아니다. 그러한 것은 지금 서술한 붓다의 계시를 청문하는 것과, 이제부터 말하는 업과 윤회의 영향에도 많이 의존하고 있다고 주장하는 것 같다.

'모든 만들어진 것은 무상하다'(제행무상)라는 분명한 지혜를 가지고 볼 때에, 사람은 괴로움을 멀리한다. 속세를 싫어하

고 떠남(厭離)으로써 욕망없는 청정한 열반에 이른다. (278)

이 게는 삼법인(三法印)의 하나인 무상에 대해 설한 게문으로서 유명한데, 앗타카타에서 그것은 업의 이론으로 설명되고 있다. 즉 500명의 비구가 과거세에서 무상을 체득하여 아라한이 되었던 것은 이 생에서 붓다로부터 그 수습법(修習法)을 배웠기 때문만이 아니다. 그것은 캇사파 붓다 시대에 무상을 수습한 일이 있었던 결과로 여겨지고 있다.(苦, 無我에 대해서도 마찬가지)

또한 아라한이 된 후에도 업의 작용에 구애받고 있는 경우도 보인다. 예를 들어 신통력이 뛰어난 아라한 목갈라나는 어떻게 하면 하늘에 태어나고 어떻게 하면 지옥에 떨어지는가를 설할 수 있어서 많은 신자로부터 희사가 줄을 이었다. 그것을 시기한 외도들은 도적으로 하여금 그를 죽이도록 하였다. 죽는 순간에 신통력으로 하늘을 날아 붓다를 알현한 후 붓다가 가르쳐준 장소에서 반열반(般涅槃)에 들었다. 사람들은 목갈라나와 같은 사람이 어찌하여 이처럼 비업(非業)의 죽음을 당했는가 의아하여 붓다에게 묻는다.

붓다는 목갈라나는 과거세에서 양친의 생명을 빼앗은 일이 있으며 그 결과로 생긴 것이라며 게송을 설하였다.

아무 거리낌없이 죄없는 사람들에게 해를 가한다면, 다음과 같은 열 가지 경우 가운데 어느 것에 곧 봉착하게 되리라. ① 격렬한 고통, ② 노쇠, ③ 신체장애, ④ 무거운 병, ⑤ 어지러운 마음, ⑥ 국왕으로부터 재앙, ⑦ 엄청난 고자질, ⑧ 친족 사망, ⑨ 재산손실, ⑩ 화재. 이 어리석은 자는 몸을 망친 후 지옥에 태어난다. (137~140)

그것을 듣고 있던 청중은 수다원(預流果를 얻은 성인) 등의 성인이 되었다고 한다.

이처럼 끊임없는 윤회의 반복 속에서 자신의 노력만으로 아라한이 되는 경우는 앗타카타에서는 그다지 언급되고 있지 않다. 오히려 붓다의 가호나 구제, 계시 없이는 아라한이 되는 일은 거의 불가능한 것 같다.

아라한이 되는 일이 드물기 때문에, 앗타카타에서 아라한을 묘사할 때는 초인적으로 묘사하는지도 모른다. 미얀마 어에서는 '땅에 숨고 하늘을 나는 아라한'이라는 표현이 있는데, 아라한이 창공을 난다는 서술은 자주 눈에 띈다.

붓다가 제타바나 사원(祇園精舍)에 머무를 때, 지방에서 30명의 승려가 예배하러 왔다. 아난다가 입구에서 대기하고 있는 동안, 그들은 붓다로부터 최고의 교법을 받았다. 잠시 후 아난다가 안으로 들어오자 승려의 모습을 전혀 볼 수 없었다. 방금 찾아온 승려들은 어디에 있는가 하고 아난다가 묻자, 붓다는 돌아갔다고 하신다. 아난다가 어느 길로 돌아갔는가 하고 묻자, 하늘의 길로 돌아갔다고 대답한다. 그렇다면 그들은 아라한이 되었는가 하고 묻자, 그렇다고 한다. 또한 사신족(四神足)을 수행한 아라한은 힌다(백조)처럼 하늘을 날 수 있다고 하며 가르침을 설한다.

백조(힌다)는 하늘에 있는 태양의 길을 걷고, 신통력을 지닌 자는 하늘의 길을 걸으며, 사려 깊은 사람들은 군대와 함께 악마를 물리치고 세상에서 떠나간다. (175)

이 게송이 끝나자 많은 사람들이 깨달음을 얻었다고 한다.
업과 윤회의 법칙에 구속되어 있는 인간도 붓다의 가호나 구제, 계시에 의해 겨우 아라한이 될 수 있다. 그것이 얼마나 희귀하고 초인적인 것인가. 나아가 업이나 윤회의 구속에서 자유롭고, 사람들을 아라한으로 이끄는 붓다가 얼마나 전지전능하고 얻기 어려운 존재이며, 사람들의 의지처가 되는가. 앗타카타에서 붓다는 구제자적 성격을 가지고 아라한을 초월한 존재로 묘사하고 있다.

비(非)불교세계 속에서의 붓다의 우월성

공포에 사로잡힌 사람들은 산이나 숲, 동산, 수목 등에 의지하려고 한다. (188)

그러나 이것은 안전한 의지처가 아니다. 그러한 의지처로 모든 고뇌에서 벗어날 수는 없다. (189)

원시불교에서는 비불교적 숭배 형태를 부정하고, 붓다의 가르침을 실천하는 것 이외에 깨달음을 여는 길은 없다고 한다. 위에 든 《법구경》의 시구도 그것을 설명하고 있다.

앗타카타에서도 이 귀절이 나온다. 산이나 숲, 정원, 수목 정령 등을 공양하면 인과응보의 괴로움에서 벗어날 수 있다고 말하는 나가 국왕을 마하 목갈라나가 조복(調伏)하여 정령숭배를 행하여도 고뇌를 피할 수 없다고 깨우치는 과정 속에서 나오는 시구이다.

이처럼 앗타카타 속에서도 여러 군데에서 비불교적 숭배 신앙을 부정해야 하는 것으로 묘사하고 있기는 하다. 그러나 다음의 예에서 보듯이 그것은 결과적으로 불교의 우위성을 나타낸다. 즉 불교세계 속에 비불교적 존재나 정령숭배 등을 포함하여, 그 위에서 붓다가 그들보다 우위에 있다는 것을 보여주고 있는 것이다. 그렇다면 이번에는 비불교세계가 앗타카타 속에서 어떻게 묘사되고 있는가를 알아 보자.

앗타카타 속에는 인간 이외에도 모든 존재형태가 묘사되고 있다. 범천·제석천(帝釋天)·천(天)·천녀·악마·야차(夜叉)·나가·동물·아귀·정령 등 힌두교를 비롯한 불교 이외의 여러 신앙의 기원을 이루는 존재가 등장한다. 그리고 그들과 연관하여 붓다는 《법구경》의 시구를 내린다. 예를 들어 제석천은 붓다의 조력자이고 범천이나 그 밖의 천(天), 천녀와 함께 불교를 옹호하는 역할을 담담하고 있다.

세인사마나는 붓다를 시기하는 외도의 꾐에 빠져, 밤 늦게 제타바나 사원 옆 외도가 모여 있는 곳에 가서는 아침 일찍 마을로 되돌아 오는 짓을 계속한다. 보름이 지나자 자신은 붓다와 함께 살고 있다고 소문을 퍼뜨렸다. 3, 4개월 후에는 붓다의 아이를 뱄다고 소문을 낸다. 그 후 만삭이 다 된 모습으로 꾸며 교설하고 있는 붓다를 중상하였는데, 붓다는 그 말의 진위는 나와 당신만이 알고 있다고 말한다. 그래서 제석천은 천(天)을 쥐로 변하게 하고, 세인사마나가 배에 두른 판자를 맨 끈을 갉아먹게 해서 세인사마나는 아비지옥에 떨어졌다고 한다.

> 참된 진리를 버리고 거짓말을 하며, 내세를 생각하지 않는 자는 어떤 악행도 못할 바가 없다. (176)

마찬가지로 범천 · 천 · 천녀 · 태양신 · 월신(月神) · 사천왕 등도 장로가 명상하고 있을 때에 주위를 지키고, 붓다가 조복하려고 할 때에는 원호하기도 한다.

예컨대 판티타타마네는 일곱살에 사미가 되어 8일째에 탁발에 참가하였다. 그때 도랑에 물을 대며 들일을 하는 농부,

활을 만드는 사람이 화살을 똑바로 하는 장면, 재목을 마음대로 잘라 고르게 하는 목공을 보고, 사원에 돌아오면 재빨리 명상을 하여 마음을 정돈하였다. 그때 제석왕과 사천왕은 승원의 주위가 시끄럽지 않도록 지키고, 태양신과 월신은 잠들지 않고 문지기를 서며 깨달음을 얻도록 도왔다고 한다.

운하를 만드는 기사들은 물을 필요한 곳에 대고, 활을 만드는 사람들은 화살을 똑바르게 하며, 목공들은 생각대로 나무를 다듬는다. 현자는 자신을 타일러 정비한다. (80)

이들과는 반대로 항상 붓다의 행동을 가로막는 존재로 악마가 있다. 붓다는 어떤 마을의 처녀 500명이 아라한이 될 것을 미리 알고, 그곳에 탁발하러 갔다. 그런데 그 사실을 안 악마가 식사보시를 하려는 처녀로 화하여, 한술의 밥도 보시하지 않도록 한다. 악마는 그냥 돌아가려는 붓다를 향하여 오죽이나 배가 고프냐고 떠본다. 붓다가 "사악한 악마여, 나는 단 한 가지도 먹지 않아도 범천처럼 즐겁게 살아간다."고 하며 게문을 설한다.

우리는 어떠한 근심도 없이 매우 즐겁게 살리라. 빛과 소리의 신들처럼 즐거움을 먹는 자가 되리라. (200)

그것을 들은 500명의 처녀는 모두 깨달음을 얻게 되었다고 한다. 또한 나가나 야차는 변덕이 심해서 착한 성격을 지닌 자와 악한 성격을 지닌 자가 있었던 것 같다. 악한 성격을 지닌 자에 대해서는 신통력으로 항복을 받거나 호주경(護呪經)으로 달래고 있다.

예컨대 나가에 대한 이야기로 다음과 같은 것이 있다. 2만 년을 공들여 명상수행을 한 비구가 죽어 에라카팟타나가 왕으로 전생하였다. 그러나 붓다를 만날 수가 없었다. 붓다를 직접 만나고 싶은 일념으로 딸에게 붓다만이 답할 수 있는 노래를 외게 한다. 그래서 그 노래에 답할 수 있는 청년을 사위로 맞는다고 하여 붓다를 찾았던 일이 있다. 나가는 마지막으로 붓다를 예배하고 다음의 게문을 받는다.

인간의 몸을 받는 것은 어렵다. 죽어야 할 유정(有情)의 생물이 사는 것도 어렵다. 올바른 가르침을 듣는 것도 어렵다. 여러 붓다가 출현하는 것도 어렵다. (182)

그것을 듣던 8만 4천의 유정 생물은 사제를 통찰하고, 나가는 깨달음을 얻어 인간의 모습으로 되돌아 왔다고 한다.

야차에 관해서도 흥미로운 이야기가 있다. 땔나무를 운반하는 부자가 있었다. 어느 날 아버지는 도망간 소를 쫓아 성안에 들어갔는데 날이 저물어 성문이 잠기고 말았다. 아들은 홀로 성 밖에 있는 묘지 근처에서 수레에 기대어 잠들고 말았다. 두 사람의 야차가 와서 다리를 당기려고 하였다. 아들은 생각없이 '붓다에 귀의해 받들다'고 읊었다. 야차는 그것을 듣고 물러서며 밤새 그 아들의 부모처럼 지켜주고 성안의 식사를 가져와 먹였다고 한다.

밤이나 낮이나 항상 붓다를 생각하며 사려깊은 고타마의 제자는, 어느 때에나 잘 깨어 있다. (296)

그 시구를 들은 후 자식은 양친과 함께 깨달음을 얻어 출가하여 아라한이 되었다고 한다.

또한 원시불교에서는 주술도 부정하는데, 앗타카타에서는 붓다 자신이 호주경을 창한다는 이야기도 있다. 그래서 붓다 자신이 호주경을 창하여 야차로부터 아이의 생명을 구하고 있다.

어느 마을에 두 사람의 바라문이 42년간 수행을 하고 있었는데, 한 사람의 바라문은 환속하여 결혼해서 자식을 얻었다. 그러나 아이의 남은 목숨은 겨우 7일간이라고 선고받았다. 부부는 죽음에서 지키는 방법을 붓다에게 묻는다. 붓다는 다음과 같이 지시하였다.

"집 현관에 임시로 조그만 집을 짓고, 한 가운데에 침대를 놓아 거기에 갓난아이를 눕히시오. 그 둘레에 나의 제자인 비구들을 앉히고, 7일 동안 호주경을 창하도록 하시오. 그리하면 죽음을 면할 것이오."

부부는 그대로 하고, 비구들도 꼬박 7일간 호주경을 중단하지 않고 창하였다.

마지막에 붓다가 친히 와서 호주경을 창하였다. 이 세상에 존재하는 모든 천신이 그 주위를 에워쌌다. 이때 아바룻다카 야차는 비사문천에게 12년간 시중든 공로로 7일 후에 그 아이의 목숨을 가져도 좋다는 허락을 받고 있었다. 그러나 덕이 많은 여러 천신들이 그곳을 비켜주지 않자 거기에서 멀리 떨어진 장소에서 대기하지 않을 수 없었다. 더구나 밤새 붓다가 호주경을 외기 때문에 아무것도 얻지 못하고 돌아가야만 했다. 붓다는 새벽이 되어 장수할 것을 기원하며 자식은 120세까지 살 것이라고 말하였다. 그리고 장수의 비결을 설명하고 아유왓다나(수명을 연장한 자)라는 이름을 주었다.

> 항상 예배하고, 연장자를 공경하는 사람에게는 수명과 아름다움과 즐거움과 힘이라는 네 가지 사항이 증대한다.(109)

아유왓다나와 수행자 500명이 이 법을 듣고 깨달음을 얻었다고 한다.

이러한 존재는 이미 불교세계의 중심인물로서 불교적 세계관과 뗄 수 없는 존재로 되고 있는데, 그러한 가운데 앗타카타에서는 정령에 얽힌 이야기도 많이 있다.

붓다가 제타바나 사원에서 지내고 있을 때이다. 어느 날 500명의 비구가 붓다 밑에서 명상을 배워 숲 속 나무 밑에서 임주수행(林住修行)을 하였다. 거기에 사는 낫(nat)들은 처와 자식을 불러 비구가 있기 때문에 나무에 돌아가서는 안 된다고 하고 비구가 나오기만 기다렸다. 그러나 우안거(雨安居) 3개월 동안을 거기서 보내야 한다는 것을 알고, 그 동안 땅 위에서 생활할 고통을 생각하여 비구들을 쫓아내기로 결정하였다.

밤마다 도깨비가 나타나는 것을 두려워 한 비구들이 붓다에게 보고하자 붓다는《밋타토우(慈愛經)》를 준다. 그 경을 창하자 낫들은 자비심을 일으켜 비구를 지켰다. 붓다는 향당에 있으면서 그 광경을 보고 빛을 발하여 그 현장에 나타난 것처럼 보이며 다음 게문을 설하였다.

이 몸은 물동이처럼 깨지기 쉽다는 것을 알고, 이 마음을 성곽처럼 튼튼히 세워, 지혜의 무기로 욕망의 악마와 싸우라. 싸워 얻은 것에 집착하지 말고 지키라.(40)

그것을 들은 500명의 비구는 아라한이 되고, 그곳에서 붓다에게 엎드려 절하였다고 한다.

한편 낫에는 불교를 옹호하는 것도 있다.

붓다가 제타바나 사원에 계실 때의 일이다. 임주수행하는 에크다나라는 아라한은 우다나(感興經)의 한 구절밖에 창할 수 없었다. 포살일에는 오로지 그 게를 창하는데, 그뒤 숲 속의 낫이 일제히 메아리쳐 그 게를 소리치는 것이었다. 어느날 삼장경전을 받아온 자가 방문하여 각각 교설을 하고, 숲에 있는 낫들의 반응을 기다렸으나 아무 응답이 없었다. 그래서 에크다나가 우다나의 게송을 창하자 다시금 일제히 메아리쳐 칭찬의 소리가 터져나왔다. 이것을 들은 붓다는 다음과 설하였다.

많이 설한다고 해서, 그가 도를 실천하고 있는 것은 아니다. 설령 가르침을 듣는 일이 적을지라도, 지혜로써 사제(四諦)를 보는 사람, 태만하여 그 길에서 일탈하는 일이 없는 사람, 그이야말로 도를 실천하고 있는 사람이라고 한다.(259)

이것을 들은 많은 사람들이 깨달음의 단계에 들었다고 한다. 마지막으로 그러한 이야기를 총괄하고 있는 이야기를 살펴 보자.

붓다는 많은 비구를 거느리고 사밧티에서 베나레스로 순회 교설에 들어갔다. 도중 트디야 촌(村) 부근에 있는 낫을 모신 사당에 이르렀을 때, 붓다는 아난다에게 밭을 갈고 있는 어떤 바라문을 불러오게 하였다. 그 바라문은 다가와서 붓다에게는 예배하지 않고, 낫에게만 예배하고 멈춰서 있었다. 붓다는 바라문의 그 행위를 대강 칭찬한 후, 신통력으로 공중에 금으로 된 불탑과 또 하나의 불탑을 나타내 보였다. 그리고 바라문을 향하여 진정 신앙해야 할 것은 사리·불상·부처의 유품을 제사하는 불탑이라고 하며 다음 게문을 설하였다.

이미 허망한 논의를 뛰어넘고, 근심과 슬픔을 건너고, 욕망을 진정시키고, 평온하게 귀의한 여러 붓다 또는 제자들을 공양한다면, 이 공덕은 어떤 사람도 그것을 헤아릴 수 없다.(195, 196)

멀리 떨어진 불탑은 7일간이나 공중에 정지하고 모여 있던 8만 4천의 사람들은 사성제를 얻었다고 한다.

그런데 미얀마는 낫신앙[13]이라는 정령숭배가 오늘날 여전히 불교와 보완관계에 있는 종교로 자리잡고 있다. 여기에 든 예는 《법구경》에 있는 '붓다'의 장(章)에서 취급하고 있다. 즉 정령신앙(미얀마에서 낫신앙)과 불교를 상대적으로 파악함으로써, 붓다의 존재를 더욱 분명히 드러내고 있다. 그리고 지

---

13) 우 흐라틴툿 《불교도와 낫신앙의 문제》 (미얀마 어) 제2판 1986(초판 1979), 랭구운. 사야 타운루인 《선조(先祖)전래의 불교》 (미얀마 어), 제3판 1948 (초판 1975) 랭구운.

금 서술한 예가 낫신앙에 대한 불교의 우위성을 설할 때 근거로서 인용되는 경우가 많다.

이처럼 《담마파다 앗타카타》는 다양한 비불교적 요소를 불교체계에 끌어들인다. 그리고 호주경 등 주술적 요소를 담아내면서도 또한 여전히 불교가 그것보다 우위에 있다는 사실을 설명하고 있다.

선악을 설하는 붓다

모든 악한 일을 행하지 않고, 선한 일을 행하며, 자기의 마음을 맑게 하는 것, 이것이 바로 여러 붓다의 가르침이다. (183)

원시불교의 이해에 의하면 '악한 일'이란 방종한 욕망과 불합리한 분노, 인간적인 진실한 지혜를 제거하는 것을 가리킨다. 또한 '선한 일'이란 악하지 않은 상태라고 이해되며, 마음을 깨끗이 유지해야 한다고 설해지고 있다. 이것이 이 시구가 본래 의미하는 바이다.

이것에 관해서는 역시 앗타카타 이야기에서도, 다른 두 개의 시구와 함께 과거불이 대대로 설해온 교법에 대해서 이야기할 때 읊는 시구의 하나로 도입하고 있다.

그렇다면 앗타카타에서 붓다가 설명하는 선과 악이란 도대체 어떠한 것일까.

예컨대 사밧티에 사는 마하담미카는 항상 식사보시를 행하고 계율을 지키며 생활하고 있었다. 처자도 마찬가지였다. 죽기 직전 승려가 앞에서 《사티파타나경》을 창하고 있는 중에, 육욕천(六欲天)에서 천(天)이 마차를 타고 마중하기를 기다려, 마지막까지 청법하고 죽어서 하늘로 갔다. 그가 던진 꽃송이가 (마차의 멍에에 걸려) 공중에 춤추며 올라가는 것을 보고, 가족들은 눈에 보이지 않는 하늘의 도움으로 장자가 승천하였다는 것을 알았다.

> 선한 일을 하는 자는 이 세상에서 기뻐하고, 내세에서도 기뻐하여 두 곳에서 환희한다. 선한 일을 알고 자신의 깨끗한 업(業)에 더욱 기뻐한다.(16)

또한 어느날 붓다가 제타바나 사원에 머무를 때의 일이다. 에카타타 바라문 부부에게는 두 개의 하의와 한 개의 상의밖에 없었다. 붓다의 법을 들으러 가는 경우에도 아내가 먼저 상의를 입고 낮에 청법하러 간다. 그리고 밤이 되면 이번에는 바라문이 아내가 돌아오기를 기다려 상의를 입고 청법하러 가는 형편이었다.

바라문은 청법이 끝난 후, 기쁜 나머지 보시하고 싶다고 생각하였다. 그러나 시여할 수 있는 것이라곤 상의밖에 없었다.

이것을 바치면 입을 것이 없게 된다고 생각하여 곤란해 하고 있었지만 결국 보시하고 말았다. 코살라의 왕은 이것을 보고 칭찬하며 몇번에 걸쳐 포상을 내렸다. 그때마다 바라문은 두 개의 천만 남기고 나머지를 모두 희사하였다. 비구들은 붓다에게 이처럼 행한 공덕의 이익은 빨리 나타나는가 하고 물었다. 붓다는 늦게 행한 공덕은 복전(福田)이 반감된다고 하며 게문을 설하였다.

마음은 나쁜 일을 즐기는 법. 선을 행하는 일에 서두르라. 악에서 마음을 물리치라. 선은 재빨리 행해야 하느니라.(116)

또한 어느 날 붓다가 제타바나 사원에 계실 때이다. 목갈라나는 천계에 순회교설을 하러 가서 한 천신에게 어떤 공덕을 쌓아서 이렇게 끝없는 행복을 손에 넣게 되었는가를 물었다. 그 천신은 진실한 언어로 이야기했기 때문이라고 답하였다. 다른 천녀는 남편에게 맞고 있을 때 원한을 품지 않았기 때문이라고 답한다. 또 다른 천녀들은 사탕수수 한 그루, 오이 한 개, 과일 한 개를 시여했기 때문이라고 대답하였다. 그와 같이 보잘것 없는 시여를 하여 천계에 태어났다고 한다. 목갈라나는 승원에 돌아와 그 진위를 물었다. 붓다는 그들이 증언한 그대로라면서 다음과 같이 설했다.

진실을 말해야 한다. 노해서는 안 된다. 도움을 요청받으면 가난한 가운데에서도 베풀어라. 이들 세 가지 일로 천계에 이를 수 있으리라.(224)

붓다의 이 설법을 들은 수많은 사람이 깨달음을 얻었다고 한다.

그 밖에 사원을 건립한 바로 그 순간에 천계에도 7층 건물이 세워져, 내세에서 살 집이 약속된 이야기나 타인의 희사를 좋아했던 사람이 열악한 내세를 맞이할 수밖에 없는 이야기 등이 있다. 이처럼 앗타카타에서 붓다가 설명한 선이나 악은 선험적으로 불교의 규약에 따른 것이다. 즉 불교를 옹호하는 보시나 지계는 선이고, 그것은 내세에 하늘에 태어나는 것과 연결된다. 불교를 위협하는 인색함이나 붓다를 경시하는 것은 악이고, 내세에 지옥에 떨어진다는 것을 붓다가 직접 말하고 있다.

제4절 • 담마파다 앗타카타에 나타난 불교관의 귀결

지금까지 미얀마 불교문학은 스리랑카에서 체계화된 주석서 특히 경장의 소부경전인 앗타카타에서 많은 영향을 받았다는 점, 그 두드러진 예로 《담마파다 앗타카타》가 있다는 사실을 살펴보았다.

그리고 신을 세우지 않고 자력으로 열반을 지향한다고 하는 《담마파다 앗타카타》에서는, 그 대부분이 실은 붓다의 가호나 구제・업・윤회의 작용으로 표현되고 있음을 보았다. 또한 정령숭배를 부정하는 시구가 앗타카타 속에서 결과적으로 정령숭배조차 포함하여, 그 속에서 불교의 우위성을 설하고 있는 모습을 엿볼 수 있었다. 앗타카타에서는 선이나 악은 이미 불교의 규약에 따른 구체적 실천덕목으로서 붓다가 직접 설하는 형태로 묘사되고 있고, 그것이 더 좋은 내세 혹은 생천(生天)과 연결되어 있다는 사실 등도 살펴보았다.

이것들은 열반이나 해탈을 지향하는 이른바 출가 중심주의 불교가 아니다. 오히려 더 나은 내세를 지향하는 민중불교의 현상에 극히 유사한 것이라고 할 수 있다.[14]

그렇다면 이와 같은 불교문학은 민중에게만 깊이 관계해 온 것일까. 아닐 것이다. 오래 계속된 파리얏티 활동 속에서 불교문학은 항상 침범하기 어려운 신성함과 권위를 유지해 왔다. 불교문학은 미얀마 문학 유산 속의 자랑이고, 여타 문학작품과는 다른 특별한 위치에 있다. 왜냐하면 그것이 편집된 곳은 다름 아닌 승원이고, 그것을 저술한 자도 다름 아닌

---

14) 미얀마인 불교도의 '종교'에 관한 종래의 설을 정리 검토한 것으로는, 田村克己〈ビルマ精靈信仰再考序說〉《鹿兒島大學史錄》제19호. 1987.

출가자였기 때문이다. 항상 불교문학은 그 내용에 관계없이 출가 집단이 갖는 정당성과 권위를 담고 있었다.

실제로 주석서가 붓다의 언설로서 정당성의 근거, 혹은 해석의 지침으로 되어 왔다는 사실을 고려해 볼 때,[15] 가장 대중적인 주석서의 하나인 《담마파다 앗타카타》가 미얀마 불교의 지혜를 형성하는 데 커다란 역할을 수행해 왔다는 사실은 분명하리라.

원래 주석서를 장외경전으로 하여 보조자료로 파악했던 것은, 해외의 팔리 수학을 연구하는 입장이었다. 그들은 유일하고 완전한 모습으로 보전해 온 상좌불교의 경전을 원시불교

---

[15] 불교 문답집의 하나인 《사만타셋크디파니》에는 165가지 문답이 몬유에 승정(1768~1828)에게서 나오고 있다. 그 승정이 답하는 방식은, 모든 주석서를 포함하여 경전의 어느 것에는 이렇게 되어 있다는 식으로 대답하고 있다. 예컨대 제6권의 107질문은 '티와리불상이나 사리를 숭배하면 좋은가요, 나쁜가요'이고, '수은이나 다이아몬드가 금은으로 되는가, 아닌가'이다. 또한 109는 '약초 뿌리나 잎에 의해 몸이 사라지는 경우가 있는가, 없는가' 혹은, 110은 '위사두라는 공중을 날 수 있는가, 없는가', 111은 '루비의 위력으로 인간은 하늘을 날 수 있는가, 아닌가'이다. 이러한 질문에 모두 주석서의 기술을 근거로 분명히 답하고 있다. 그것은 건백서(建白書), 판례 등에서도 마찬가지이고, 판단의 근거로 사용되어 왔다. 오늘날에도 아신쟈나카비완사 대승정이 저술한 《불교 교과서》를 바탕으로 한 《남방 상좌부 불교의 가르침》에도 5계, 8계, 음식물의 공양, 물의 공양 등을 권할 때에 이야기의 증거로 들고 있는 것이 여러 주석서의 이야기이다.

를 연구하는 데 사용하였다. 후세의 해석의 대해(大海) 속에서 붓다의 금과옥조를 탐구하고, 그 성과을 각각 상좌불교에 역류시켜 걸핏하면 그것이 상좌불교의 가장 순수한 파악방법으로 받아들여지고 있다.

그러나 실제로 상좌불교의 운영은 그것과는 완전히 반대방향의 힘을 지녀 왔던 것이 아닐까. 붓다의 언어를 보전하는 파리얏티 활동은, 언제부터인가 승가가 보전한 것이 붓다의 언어가 되었다. 그 속에서 스리랑카에서 커다란 전개를 보인 앗타카타의 내용은 실로 동남아시아 각지의 현실에 가장 적합하게 되고, 그렇기 때문에 붓다의 언설로서 계속 존재해왔다고 생각한다.

제 6 장

남전(南傳) 상좌부 불교권의 구세주와 민중반란

이토 도시카쓰(伊東利勝)

들어가면서

인간의 욕망은 현세의 생을 유지하기 위해 육체에 갖춰진 장치이지만, 동시에 인생에 괴로움을 가져다 준다. 인류 역사는 이 욕망과 괴로움의 대해(大海) 속에서 욕망의 충족과 괴로움으로부터의 해방을 지향하면서 물질문화와 정신문화를 발전시켜왔다고 할 수 있다.

남전 상좌부 불교의 사상에서는 기본적으로 개인의 수행 노력으로 내세에서 고통으로부터 해방된다는 프로그램을 제시한다. 그러나 이것을 실천하는 과정에서는 개별문화에 응하여 더욱 현실적이고 실리적으로 해석하고 있었다. 내세가 아닌 현세에서도, 개인적이 아닌 집단적으로도 구제의 길을 지향하는 것으로 된다. 세상이 한없이 어지럽고, 많은 사람들에게 고통 이외에 아무것도 없다고 인식될 때, 현존하는 모든 질서를 무너뜨리고 완전히 새롭고 선한 것, 지극히 복된 세상을 추구하는 운동이 종종 발생하였다. 최근에는 이러한 민중운동을 통상 '천년왕국(千年王國)운동'이라고 부르고, 종교적 정치적 시각에서 그 역사적 문화적 의미를 검토하고 있다. 천년왕국운동의 특징은 '메시아적'이다. 지도자는 자주 구세주라든가 혹은 구세주인 신령적인 것과 인간적인 것의 중개자로 나타나며 이것이 중요한 역할을 수행한다. 남전 상좌부 불교권에서는 그 수용형태에 따라서 구세주가 어떤 곳에서는 미륵불로, 어떤 곳에서는 전륜성왕(轉輪聖王)에 비교되는 경우가 많다. 그리고 어느 것을 강하게 내세우는가에 따라 운동의 성격이나 전개가 크게 달라진다.

따라서 똑같은 종교권이라고 해도 천년왕국운동은 당연하게도 개별 문화에 따라서, 또한 시대와 상황에 따라서 여러 가지 차이를 낳아 결코 동일하지 않다. 그래서 여기에서는 남전 상좌부 불교권에서 발생한 민중반란 속에서 볼 수 있는 구세주상(像)을 축으로 하여, 그 배후에 있는 '천년왕국적' 구제사상을 고찰함으로써 상좌불교사상의 지역적(민족적) 차이를 알아보고자 한다. 지금까지의 연구와는 달리 구세주로서 미륵불과 전륜성왕을 명확히 구별하여, 개별 반란 속에서 어느 것을 강하게 의식하고 있었는가를 검토한다. 그리고 같은 남전 상좌부 불교권에 속하는 미얀마와 타이에서 특히 미륵불관(觀)에 차이가 있다는 것을 지적하고자 한다.

제1절 • 민중반란 속에 보이는 구세주

사회·경제적 배경

미얀마는 1826년부터 서서히 영국의 식민지로 편입되어, 미얀마 국민들은 새로운 체제 속에서 여러 가지 대응을 하지 않을 수 없었다. 특히 1852년의 두번째 영국과의 전쟁이 끝난 후, 상(上)미얀마에서 기근이 발생하여 하(下)미얀마 델타 지역으로 대량의 이민이 속출하였다. 20세기에 들어서자 델타 지역에 개척지가 없어지면서 인도 이민과의 경쟁, 그리고 손쉽고 안전한 신용의 결여, 세 부담의 증가 등으로 농민의 전반적 몰락이 진행되고 있었다.

타이에서도 농민의 상태는 기본적으로 미얀마와 다르지 않았다. 1855년 보울링조약이 맺어지면서 타이는 국제경제와 긴밀히 결합하게 되고, 자연히 국내체제도 그것과 대응하면서 재편하게 된다. 타이 왕실은 세제개혁으로 새로운 재원을 확보하고 중앙집권적 체제를 확립 강화하기 위해 장정 1인당 일률적으로 연간 4바츠의 인두세를 징수하였다. 그때까지 징세는 지방자치에 맡기고 있었기 때문에, 인두세의 징수로 지방의 영주뿐만 아니라 토착 하급 역인층(役人層)이 커다란 타격을 입었다. 특히 후자는 각종 수수료나 조세징수의 보장금 등의 수입 외에, 농민의 노동력을 사적으로 사용할 수 있는 등 상당한 특권을 누리고 있었기 때문이다.

인두세의 징수는 식민지 하의 미얀마에서도 마찬가지였다. 농민의 입장에서 보면, 매년 정액의 세금이 화폐라는 형태로 징수되는 것은 그다지 농업 외의 고용기회도 존재하지 않는 지역에서는 큰 고통이었다. 더욱이 타이에서는 지방행정기구의 개혁으로 불리한 입장에 놓인 하급 역인층은 새로운 제도를 교묘히 이용하여 최하층인 농민을 수탈함으로써 이것을 메꾸려고 하였다.

동북 타이나 미얀마 중부지역은 관개시설도 정비되지 않아 기후조건에 따라 작황이 크게 변하였다. 몇년에 걸친 가뭄이 계속되어 논밭이 방치된 채 먹을 식량조차 없는 사태도 드물지 않았다. 이 지방의 농민은 항상 가난에 시달리고 있었던 것이다. 이러한 상황 속에서 발생하는 흉작이나 조세 부담의 증가는 실로 생존 그 자체를 위협하는 것이었다고 말할 수 있다.

반란의 개요

이상과 같은 배경 하에서 생존 그 자체를 위협하는 절박한 상황이 발생하자, 이것을 시작으로 하여 민중반란이 수시로 발생하였다. 물론 미얀마의 경우 식민지 하의 초기단계에서는 대체로 구(舊)영주층의 저항운동으로 볼 수 있는 것도 있었다. 1890년대에는 미얀마 전토의 식민지 지배가 완성되고, 이들 저항운동은 그 불길이 점차 수그러들었는데, 금세기에 들어설 무렵부터 다시 각지에서 민란이 발생하기 시작했다. 그리고 그 불길은 점차 거세져 1932년 '농민대반란'으로 최고조에 달했다. 한편 타이에서는 새로운 인두세가 도입된 직후인 1900년 전후에 동북 타이에 광범하게 발생하여, 그 후 단속적으로 계속되었다.

미얀마나 타이 어느 경우이든지 민란은 경찰서, 군시설, 관공서의 습격을 특징으로 한다. 부자, 쌀창고, 상점 등을 습격하는 단순 파괴적 요소는 볼 수 없다. 그들의 무기는 주로 농작물에 사용하는 낫, 창, 곤봉 등 '원시적'인 것이었다.

예컨대 1910년 상미얀마의 자가인현에서 일어난 반란에서는, 페크촌에 사는 19세 청년 마운 탄을 선두로 하여 80여 기마와 낫과 창으로 무장한 800~1,000명의 반란군이 근처 밈무경찰서를 습격하고 있다. 이곳을 습격하기 전에도 부(副)산림경비관에 대해, 만약 경찰관이었다면 목을 자르겠다고 위협한다. 그리고 경비관이 입고 있던 삼림 경비대의 제복을 '정부의 비품'이라 하여 장부 및 서류와 함께 토막내고 있다. 또한 반란군의 일부는 촌장집을 습격하여 공문서나 등록장부를 낫으로 토막내고 있다.

타이 이산주(州)에서 1901년부터 1902년에 걸쳐 발생한 온 만의 반란이 있다. 이 민란은 먼저 케마라트에서 활동을 방해하려고 한 지방의 부관리와 마을의 공무원을 사로잡아, 마을 공무원은 처형하고 관리를 인질로 삼았다. 그리고 사프야이촌에 들어가 여기에서 1,000명이 넘는 집단을 군대식으로 조직한다. 곧 이산주 도읍인 우본을 노리는 체제를 정비하여 총독이 파견한 수십명의 정찰대를 매복하여 기다렸다가 괴멸시키고 있다.(石井 1975년 : 309~311)

또한 1924년 5월 27일 완사푼군(郡) 후안푸구(區) 논 마크케우촌에서 발생한 반란에서는, 7인의 지도자들이 약 50~60명의 촌민에게 두 자루의 총과 징을 갖게 하고, 그들 자신은 말에 탄다. 그들은 완사푼군 관청 사무소 소재지에서 약 3km 지점에 있는 나이루트촌까지 진군하였다. 목적은 군사무소에서 직원을 몰아내고, 군사무소를 점거하기 위해서였다.(챠티프, 1987, 132)

그들에게 고통을 가져다 준 것은 당장은 외국의 지배이고, 다른 민족의 침략이었다. 마운 탄 반란의 경우, 당시 이미 영국의 지배가 모든 악의 근원이라는 것을 민중들은 알고 있었다. 동북 타이에서의 반란은 이 지방에 거주하는 라오 인의 타이 정부에 대한 반란이라는 성격을 띠고 있었다. 그 때문에 고통에 찬 현실을 개선하기 위해서는 필연적으로 눈앞의 현

체제 그 자체를 부정하지 않을 수 없었다.

집단 형성의 사상적 동인(動因)

이들 반란은 어느 것이나 간단히 진압되고 만다. 그것은 별다른 무기도 없었고, 조직작업이나 군사훈련도 행하지 않았으며 식량도 제대로 조달하지 못했기 때문이다. 그래서 지도자의 자질이나 그들이 지시하는 계획에 전적으로 의지하고 있었다. 반란의 지도자는 대개 미얀마나 타이 어느 쪽이든 승려나 행자(行者) 그리고 의술가가 대부분이었다.

마운 탄의 경우는 보잘 것 없는 농업노동자였는데, 그 배후에는 간부나 실질적 지도자로서 승려나 의술가가 존재하고 있었다. 이 사건은 때때로 살담배 불이 웃옷에 붙어 그의 어깨에서 연기가 피어오른 일이 발단이 되었다. 처음에는 우스개 이야기였던 사건이 주위의 음모로 마운 탄은 '민라운(미래의 왕)'이라는 소문으로 퍼져 나갔다. 콘바운 왕조의 창시자인 알라웅파야 왕(1752~1760)이 덕과 영광에 차있는 증거로서 오른쪽 어깨에서 연기를 냈던 사실을 농민은 마을 연극을 통해서 잘 알고 있었기 때문이다.

동시에 이 청년은 파간 왕조 제3대 찬싯타 왕(1084~1113)이 다시 태어난 것으로 여겨지게 되었다. 이 왕은 미얀마의 번영과 불교의 번영에 크게 이바지한 인물로 이름이 높다. 찬싯타 왕은 다시 이 세상에 출현하여 나라를 다스릴 것이라고 많은 사람이 믿고 있었다. 다시 나타난 증거가 그 역시 팔에서 연기를 낸다는 점이다. 특히 지방에서는 찬싯타가 파간 왕위에 오르기 전에 망명하고 있었다는 전설이 퍼져 있고, 그가 건립했다는 불탑도 많다. 부근에 있는 슈에인나 불탑도 그 하나로, '민라운' 거병(擧兵) 사실이 알려지자 여기에서 일어난 몇 가지 기적이 항간의 소문으로 되어 참배자가 많이 찾게 되었다.

민라운 마운 탄에 관한 이야기는 멀리 하미얀마에까지 미치고 있었다. 델타 중앙부의 판타노 지방에서는 하늘에서 내려오는 마운 탄을 보고, 항아리 속에 든 하얀 모래 반을 뿌리자 그것이 병사로 변하고, 나머지 반을 사탕수수 줄기와 혼합하자 금(사금)으로 변하였다고 한다. 어느 마을에서는 실제로 각 가정마다 커다란 항아리에 모래를 넣고, 그것에 사탕수수 줄기를 담궈 지붕에 매달았다고 한다.(伊東, 1989 : 10) 과거에 번영을 가져다 준 왕이 다시 출현하고 그럼으로써 풍요로운 사회가 출현한다고 믿고 있었던 것이다.

온 만의 반란은 당시 동북 타이 메콩 강 일대에 큰 이변이 나타난다고 예언한 한 편의 패엽(貝葉)이 있었는데 이를 둘러싼 소문이 퍼져 있었던 사실과 깊게 연관되어 있다. 그 예언에 따르면, 1902년(丑年) 4월(혹은 6월)에 대이변이 일어나 금은은 모래 자갈로 변하고, 모래 자갈은 금은으로 변한다. 돼

지나 물소가 귀신으로 변하여 사람들에게 달려들고, 동아나 호박이 코끼리나 말로 변한다. 그리고 '타오 탐미카라트'가 출현하여 이 세상에 군림한다. 죄없는 사람은 자갈과 모래를 모아 '타오 탐미카라트'가 나타나기를 기다리라. 죄 있는 자는 승려를 불러 '난 몬(聖水)' 의례를 행하고, 죄를 씻어 몸과 마음을 깨끗이 하라. 죽고 싶지 않은 자는 귀신으로 되기 전에 돼지나 물소를 죽이라. 이런 일들을 거스르는 자는 귀신의 먹이가 될 것이다는 것이다.

이 예언에 동요하여 실제로 모래 자갈을 모으거나, 돼지를 도살하는 자가 동북 타이 여러 마을에서 나타나 일종의 공황 상태가 되었다고 한다. 이러한 가운데 라오 인으로 사반나케트 부근에서 활동하고 있었던 행자(行者) 온 만은 메콩 강을 넘어 타이 영토에 들어 왔다. 그리고 주민에 대해서 재앙을 물리치고 복을 불러오는 의례인 '난 몬' 즉 성수의례를 활발하게 행하여, '유덕자(有德者, 푸 미 분)'로 존경받고 많은 신자를 얻게 된다. 당시 온 만 이외에도 이 예언과 관련해서 양재초복(攘災招福)의 주법(呪法)을 행하는 행자가 출현하고 있고, 그 수는 이산주(州)나 우돈주(州)에서 100여 명이 넘었다고 한다. 이들 가운데 온 만의 일당이 가장 유력하였다. 그의 명성을 듣고 각지에서 모여든 행자도 7인을 헤아린다.(石井 1975 : 306~309) 민중은 그들의 지도하에 행복하고 풍요로운 사회를 실현하는 '타오 탐미타라트'가 오기를 기다렸던 것이다.

논 마크케우촌의 반란은, 1923년 입안거에 붐마를 중심으로 하는 세 명의 승려와 한 명의 사미가 이 마을에 들어온 후부터 시작한다. 그들은 마을의 논사이 사원에서 안거에 들고 마을 남자들에게 교설을 하였다. 특히 계율을 지키고, 아침 저녁으로 독경하고, 정령을 두려워하지 않고, 보시를 행할 것을 강조하였다. 또한 과일·참깨·콩·쌀만을 먹고, 육류를 먹지 말 것, 그리고 양친을 존경하도록 가르치고, 남의 물건을 훔치지 말 것을 설교하였다. 이렇게 한 결과 4,000명 가까운 논 마크케우촌의 마을 사람들이 붐마를 깊이 숭배하여 '유덕자'로 받들게 되었다. 그리고 부근 마을 사람들도 밀어닥쳤다.

그 후 세 사람의 승려는 환속하여 각각 마을의 처녀와 결혼하였다. 1924년 4월경이 되자 그들은 논사이 사원의 경내에서 아침 저녁으로 거르지 않고 매일 집회를 열었다. 그 중에서 1828년 타이 군대에게 라오스의 수도 비엔챤이 파괴된 사실을 문제삼아 다음과 같은 예언을 하였다. 이 논 마크케우촌에는 미륵보살이 내려오고, 많은 사람이 찾아와 읍으로 되어 영광스러운 황금의 도시가 된다. 동시에 비엔챤 도읍도 옛날 이상으로 복구되어 번영한다는 것이다. 물질면에서 행복과 함께 타이 인의 지배로부터 벗어나 자유로운 사회를 원하는 마을 사람들에게 그와 같은 마음을 품도록 고무했던 것이다.(챠티프 1987 : 13~131)

구세주의 출현

이처럼 어느 반란이든 절박한 사회경제적 상태 속에서 '민라운' '타오 탐미카라트' '유덕자' '미륵보살' 등 '메시아'적 카리스마를 갖는 인물이 등장한다. 그리고 이를 중심으로 집단이 형성되는 기본적인 패턴을 지닌다.

마운 탄의 경우 뜻밖의 사건과 전승을 매개로 하여 '민라운'으로 인정되었다. '민라운'이란 글자의 뜻으로 보면 민은 왕, 라운은 미래이기 때문에 '미래왕'이 된다. 즉 '장래 국왕이 될 사람'이라는 뜻이다. 다만 왕이라고 해도 보통의 왕은 아니다. 이 반란과 연관하여 당시 각지에서 읊조린 시 속에는 '몸조차 아끼지 않고 사랑하는 사람을 위해/ 셋챠주(主)는 나타나리'라든가, '셋챠/ 공중을 나는 셋챠의 수레로/ 물리쳐, 신속히 물리쳐/ 구원으로 나라는 화목하고/ 평온하리라/ 왕은 셋챠/ 미얀마의 국토를 탈환하리'라는 문구가 있다. 미얀마 어의 셋챠는 팔리어 읽기로 착카(cakka, 轉輪)이고, '셋챠주(主)'는 전륜성왕(轉輪聖王)이 된다. 즉 '민라운'은 단순한 미래의 국왕이 아니라, 전륜성왕(셋챠 민)으로 여겨지고 있었음이 분명하다.

미얀마에서는 마운 탄의 반란에 한정하지 않고 민중반란의 지도자를 '민라운'으로 부른다. 그리고 그 구체적 이미지는 역시 전륜성왕 그것이었다. 1843년 모루메인에서 발생한 반란에서 주모자 퍈은 그 선언문에서 자기가 전륜성왕이라는 사실을 널리 알리고 있다. 1862년 페구반란 때에 주모자 아운지가 내린 '칙령'에서도 마찬가지였다. 1930년에 시작된 '농민대반란'의 선언문도 그 지도자상을 명확히 전륜성왕의 이미지로 묘사하고 있다.

타이와 비교하여 주의해야 할 것은 전륜성왕의 이름을 직접 빌지 않는 경우도 상미얀마에 왕실이 존재하고 있던 때에는 그것과 연관하여 말한다는 점이다. 그렇지 않으면 붓다 야자(불교왕이란 뜻)라는 이름을 붙이는 경우가 대부분이고, 미륵불의 이름이 반란에 등장하는 예는 거의 없다. 1858년 양곤 부근에 사는 어부 슈에 후라가 자신을 미륵불이라 부르고 외국인을 양곤에서 몰아내기 위해 관공서 직원을 사로잡았다는 사례만 있을 뿐이다(Sarkisyanz 1968 : 33).

한편 타이에서는 온 만이 지상에 사는 인류를 구제하기 위해 천계에서 내려온 '푸 미 분' '챠오 프라사통' '파야 탐미카라트'라고 자칭하고 있다. '챠오 프라사통'은 아유타야 왕조 시대에 실재한 국왕이다. '파야 탐미카라트'는 17세기 후반 란산 왕조의 유명한 왕의 이름이든가, 그렇지 않으면 '정법에 근거하여 통치하는 왕' 곧 '전륜성왕'을 의미한다.(石井 1975 : 309) 따라서 이 경우 구세주상은 미얀마와 비슷한 것처럼 생각할 수 있다. 그러나 논 마크케우촌의 집회에서는 미륵보살(프라시아리아 마이트리)을 불러, '유덕자'인 어느 한 사람에게 빙의(憑依)시키는 의식이 있다.

미륵불 시대야말로 '챠오(왕족)도 나이(고관)도 없는' '나뭇잎이 금은으로 변하는' 가장 행복한 시대로 여겨졌다. 미륵보살이 이 대지에 내려오도록 기원하는 목소리가 높아지면 곧바로 유덕자의 몸은 신이 지펴지고 유덕자로 취임한 자는 스스로 미륵보살이라고 선언했다고 한다. 여기에서는 명확히 미륵불이 메시아로 나타나고 있다.

그런데 동북 타이의 농민에게는 온 만도 논 나크케우촌에 왔던 행자들도 유덕자였다. '유덕자'란 '오랫동안 선업을 쌓은 결과로 탁월한 경지에 도달할 수 있었던 사람'을 의미하는데, 타이에서는 전륜성왕이나 붓다, 보살까지도 유덕자의 하나로 생각하고 있다고 한다.(石井 1975) 붐 마의 반란으로 기존의 가치에 획기적인 전환이 일어나 죄를 정화하여 '타오 탐 미카라트'가 오기를 기다린다는 설정은, 논 마크케우촌의 반란에서 미륵불이 내려오기를 바라는 그것과 매우 유사하다. 또한 이보다 늦은 1936년 마하사라카무의 치이엔 히엔촌에서 발생한 반란에서는 주모자 모람 노이 치아다는 미륵보살이 몇 년 후에 내려온다고 하고 있다. 이처럼 타이에서는 민중반란의 '유덕자상'을 미륵보살의 이미지로 파악하고 있었다고 보아도 좋을 것이다.

이와 같이 보면 미얀마와 타이에서 발생한 민중반란에서, 그들 민중들이 처한 사회경제적 상황이나 구세주에 대한 기대에 대해서는 그다지 큰 차이가 없다. 그러나 그 구체적 구세주상에 대해서는 미얀마의 경우는 전륜성왕이, 타이의 경우는 미륵보살이 비교적 강하게 나타나고 있다는 점을 지적할 수 있다. 그렇다면 같은 남전 상좌부 불교권이면서 왜 이러한 차이가 생기는 것일까. 그 검토에 들어가기 전에 먼저 그 기본적 성격을 확정하는 의미에서, 각각 남전계의 경전 속에서 전륜성왕과 미륵보살이 어떻게 위치하고 있는가를 살펴보기로 하자.

제2절 · 미륵불과 전륜성왕

《전륜성왕사자후경》

남전계의 불전 가운데 미륵불과 전륜성왕에 관해서 서술한 것으로, 장부(長部)경전 속에 《전륜성왕사자후경(轉輪聖王獅子吼經)》이라는 것이 있다. 이 이야기는 석가모니 붓다가 그 제자들에게 법을 지키는 일이 매우 중요하며, 선법(善法)을 받들므로써 복덕이 증대한다는 것을 설하기 위한 사례로 서술하고 있다.

옛날 달하네미라는 왕이 있었다. 그는 전륜성왕이 되어 4천하를 정복하고, 무력과 형벌을 쓰지 않고 정법으로 통치하여 국토를 안정시켰다. 또한 왕에게는 1,000명의 자식이 있는데 그들은 용맹무쌍하여 자주 외적을 격파하였다고 한다. 이 후계자들도 대대로 전륜성왕으로 통치하였다. 그러던 어느 날 전륜성왕의 가르침을 부왕으로부터 물려받지 않은 왕이 나타나게 되어 빈곤과 절도, 침략이 전국토에 만연하기 시작하였다. 그리고 살해나 망언이 퍼지게 됨에 따라 중생의 수명이 부모에서 자식, 자식에서 손자로 내려가면서 반감하고 있었다.

부모에게 효도하지 않고 수행승을 공경하지 않으며 노인을 모시지 않게 되어 마침내 서로 죽이게 된다. 그래서 결국 중생의 수명은 10세가 되고 만다. 사람들은 서로 멀리하고 삼림 수목의 계곡이나 동굴로 피신하여 나무뿌리나 과실을 먹으며 겨우 몸을 유지하였다.

그리고 7일 후 사람들은 계곡이나 동굴에서 나와 서로 모여 자신들이 안전함을 즐거워한다. 그래서 그들은 불선법(不善法)을 행해 왔던 것을 반성하고 이제부터 선법을 받들고 살생을 하지 않기로 맹세하였다. 이리하여 그들의 수명이 점차 늘어나 혈색도 좋게 된다. 더욱이 도둑질을 금하고, 음란함을 금하며, 망언과 욕을 금하고, 부모에게 효도를 다하고, 수행승을 존경하고, 노인을 공경하는 등 선법을 받들게 되자 수명은 점점 늘어나고 있었다.

그래서 마침내 인간의 수명은 8만세까지 늘어나게 된다.

이때 샹카라는 왕이 출현한다. 그는 전륜성왕이 되어 4천하를 정복하여 그 국토를 안정시킨다. 달하네미 왕과 마찬가지로 이 왕은 1,000명의 자식을 갖게 되고, 그들은 용맹무쌍하여 능히 외적을 격파한다. 이 왕은 사해(四海)의 저쪽에 이르기까지 무력과 형벌을 사용하지 않고 정법으로 다스린다고 한다.

이때 미륵(마이트레야)이라는 붓다가 석가모니가 이 세상에 나타난 것처럼 거기에 출현한다. 이 미륵불은 이 세계 즉 여러 신·마(魔)·범천·사문·바라문을 포함한 여러 신들과 인간 세계의 일을 모두 자신이 깨닫고 설법한다. 미륵불이 설하는 법은 처음도 좋고, 중간도 좋고, 끝도 좋으며 언어와 의미를 두루 갖춘다. 그는 완전하고 순수하고 청정한 수행을 가르치며, 1,000명을 헤아리는 많은 수행승의 교단을 이끈다. 이때 샹카 왕은 사문·바라문·빈민·걸식하는 자에게 보시를 행하고, 이것이 끝나자 미륵불 밑에서 머리와 수염을 깎고, 가사를 걸치고 재가에서 출가에 들어간다. 그는 출가하여 오직 홀로 틀어박혀 고행수행을 한 결과 최고의 청정한 수행을 완수한다. 실로 이 생애에서 자신이 자각하여 깨달음의 경지에 도달한 것이다.

이상이 《전륜성왕사자후경》의 개요이다. 전륜성왕이나 미륵불 자체의 설명은 아니지만 이것으로 양쪽이 어떠한 존재인가를 어느 정도 알 수 있다. 전륜성왕은 무기나 물리적 위협에 의하지 않고 정법(佛法)으로 사방을 평정하여 다스리는 왕으로 재가의 속인이다. 한편 미륵불은 석가모니와 동격으로 미래에 이 세상에 태어나 중생에게 법을 설하는 정각자(正覺者)이다. 그리고 중요한 것은 양자 모두 세상이 안정된 시대에 출현하는 것이지 난세에 출현하여 중생을 구제하는 것이 아니다.

전륜성왕에 관한 기타 경전의 내용

이상의 경전 외에 전륜성왕에 관해서는 남전계 불전 속에 자주 나타난다. 어느 경우나 왕 중의 왕으로서(《相應部經典 蘊相應 華品》) 법을 신봉하고, 사해를 평정하여 국토를 안정시킨다. 그리고 그의 손발이 되어 적을 물리치는 용맹한 1,000명의 왕자가 있다. 그는 이르는 곳마다 형벌을 내리지 않고 무력을 쓰지 않으며 정법으로 정복한다.(《長部經典 大本經》) 이 점에서는 거의 모든 경전이 일치한다.

또한 전륜성왕과 함께 칠보(七寶)가 출현한다. 즉 전륜성왕의 주도하에 사군을 이끌고 사변(四邊)을 평정하는 윤보(輪寶), 순백(純白)으로 신변(神邊)을 갖춰 공중을 날아가는 상보(象寶)나 마보(馬寶), 어두움 속에서도 사변을 낮처럼 비추는 주보(珠寶), 연꽃처럼 용모를 갖춘 정숙한 여보(女寶), 그 천안(天眼)으로 재보를 마음대로 만들 수 있는 거사보(居士寶), 현명하고 능숙하여 지혜가 있는 장군보(將軍寶)가 그것이다. 그리고 전륜성왕은 사신변(四神變)을 구비하고 있다. 즉 누구보다도 청정하고 연꽃 같은 최상의 용안을 갖추고, 누구보다도 장수한다. 그리고 누구보다도 질병이 적어 소화력이 뛰어나고, 여러 바라문이나 거사에게 존경받는다.(《中部經典 賢愚經》)

이처럼 불전 속의 전륜성왕은 신통력을 보유한 전륜(轉輪), 백마(白馬), 백상(白象), 그리고 부하를 거느리며, 재보도 마음대로 만들고 있다. 더욱이 용색도 훌륭하고 건강하며, 인격도 더할 나위 없는, 실로 생각할 수 있는 한도 내에서 가장 이상적인 왕을 의미하였다.

미륵불에 관한 기타 경전의 내용

그런데 미륵불에 관한 내용은 매우 적어, 앞에 나온 《전륜성왕사자후경》 이외는 《청정도론(淸淨道論)》과 《소왕통사(小王統史)》에 간간이 나올 뿐이다. 전자는 단순히 미래에 살아가는 생명에게 이익을 가져다 주는 미륵세존이 나타난다는 사실을 서술하고 있을 뿐이다. 또한 스리랑카의 고대 역사서라고도 할 수 있는 《소왕통사》는, 둣타가마니 왕(기원전 101~77)이 임종 때 미륵보살이 붓다가 될 시기를 기다리며 도솔천에 있다는 사실을 듣고, 죽은 후 도솔천에 올라가 미륵보살의 제1 제자가 되었다는 것을 기록하고 있다.

이것으로부터 미륵불이 현재 천상계 속에서는 낮은 곳에 있으며, 선행의 과보로 관능의 만족을 느끼는 장소인 도솔천에 있다는 점을 알 수 있다. 그 밖에 이《소왕통사》에는 신앙의 대상으로 미륵보살상의 이름이 등장할 뿐이다. 전체적으로 보아 남전계의 불전에서는 미륵이 현재는 도솔천에 있는

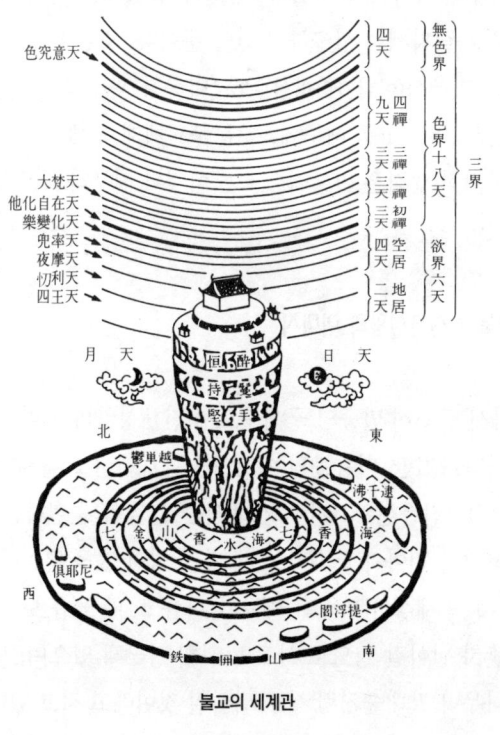

불교의 세계관

데, 장래 지상에 내려와 붓다가 되어 법을 설하여 중생에게 이익을 가져다 준다는 것 이외의 정보를 발견할 수 없다.

북전계(北傳系) 불전인 《미륵하생불경(彌勒下生佛經)》 등 이른바 《미륵경》에서도 기본적인 이야기의 골자는 《전륜성왕사자후경》과 조금도 모순되지 않는다. 다만 거기에는 석가모니 붓다의 제자였던 미륵이 장래 성도한다는 약속을 석가모니로부터 받기까지의 경위나, 성도하여 행하는 설법의 모습이나 내용을 자세히 서술하고 있을 뿐이다. 또한 남전계 장외경전인 《미래사(아나가타방사)》도 《미륵경》과 거의 같은 내용이기(渡邊 1982 : 109) 때문에, 애초 불교체계 속에서 미륵불에 관한 사회적 성격은 기본적으로는 이것이 전부라고 생각해도 좋을 것이다.

미륵불과 전륜성왕의 이미지

따라서 당연히 민중의 구세주로서 전륜성왕의 이미지는 명확히 나타나지만, 미륵불의 이미지는 애매하다고 할 수 있다.

확실히 《전륜성왕사자후경》에서는 그들이 출현하는 사회에는 욕망과 기아와 노쇠라는 세 가지 병이 있을 뿐이라고 한다. 이때 이 세상(염부제)은 매우 호화롭고, 마을 읍 도시는 닭조차 혼자 날아갈 정도로 서로 밀접히 접근해 있으며, 사람들도 대나무나 갈대숲처럼 서로 뒤섞일 것이라고 적고 있다.

이것은 사람들의 수명이 10세가 되었던 다음과 같은 상태와 대응하고 있다. 즉 사람에게는 미각이 없고, 풀을 최상의 식료로 삼았다. 10선행법은 모두 없어지고 10불선법이 나타나, 부모에게 효도하지 않고, 수행승을 존경하지 않으며, 노인을 공경하지 않는 자가 찬미된다. 모친, 백모(伯母), 처녀의 구별없이 개돼지처럼 어지럽고, 부모 형제 자매는 서로 격렬하게 적개심을 가지며 살의를 품기에 이른다는 것이다.

그러나 이처럼 지옥 같은 세상에 대치하여 번영을 구가하는 사회는 전륜성왕이나 미륵불이 만든 사회는 아니었다. 중생의 회심과 노력으로 이와 같은 이상적인 사회가 되었을 때 그들이 나타나는 것이다. 다만《전륜성왕사자후경》에는 전륜성왕은 법에 의거하고, 법을 받들며, 법을 존중하고, 무슨 일에나 법을 우선으로 생각하고, 정법을 수호하고, 또한 바라문 · 수행승 · 병사 · 농민 · 상인에서 짐승에 이르기까지 감독하고, 가난한 자에게는 재보를 주고, 수행승에게 교만과 태만을 버리게 하고, 인욕인애(忍辱仁愛)를 행하게 하고, 자기를 규율하는 한에서 전륜성왕이 될 수 있다고 되어 있다. 이것은 이상적인 사회창조와 유지를 위해 전륜성왕에게 적극적이고 능동적으로 작용하는 이미지를 부여하고 있다고 해도 좋다.

《증지부경전(增支部經典) 2집 제6인품(人品)》에는 붓다와 전륜성왕은 많은 사람의 이익을 위해, 많은 사람의 즐거움을 위해, 천(天)과 인(人)의 이익을 위해 이 세상에 나타난다고 적고 있다. 현재의 붓다와 마찬가지라고 여겨지고 있는 미륵불도 미래에 많은 사람의 이익을 위해 출현하는 존재로 파악하고 있다는 것은 틀림없을 것이다. 이 이익에 관해서 전륜성왕의 경우는 그 실현방법이 매우 구체적으로 서술되고 있다. 이것에 비해 미륵불의 경우는 처음도 좋고, 중간도 좋으며, 마무리도 좋은 법을 설함으로써 중생을 해탈하게 한다는, 지극히 숭고하고 정신적인 것밖에 서술하고 있지 않다. 그 구제는 궁극적이고 완전한 것이기 때문에 전륜성왕의 세속적인 그것과는 비교할 수도 없다는 것은 분명할 것이다. 그러나 한편으로 매우 막연하여 알맹이가 없는 것도 사실이다. 따라서 불전 속의 미륵불로부터 사회악에 고통받고 있는 민중의 구제자라는 이미지를 끌어낸다는 것은 전륜성왕만큼 쉽지가 않다.

앞서 본대로 미얀마 민중반란 속에서 구세주로서 전륜성왕이 등장하는 것은 불전 속의 기술만으로도 이해할 수 있다. 그러나 타이에서 미륵불이 등장하는 것에 관해서는 불전의 기술만으로 설명하기가 어렵다. 이것을 푸는 열쇠는 아무래도 불전 이외의 분야에 있지 않을까.

제3절 · 생활 속의 미륵불과 전륜성왕

경전은 당연히 팔리 어로 쓰여 있다. 따라서 보통 민중이 쉽게 접하고 읽을 수 있는 그런 종류가 아니다. 장경(藏經) 혹은 장외문헌이 있는 그대로 널리 알려진다는 것은, 그 가능성이 매우 희박하다고 볼 수 있다. 이시이(石田米雄) 교수가 타이불교의 경우에서 지적하고 있듯이 교학이 부진한 상황에서는 더욱 그러하다. 그래서 민중에게 널리 알려지고 있다는 관점에서 불교설화나 문학작품 나아가 재가자의 종교적 생활이나 의식 속에서 미륵불과 전륜성왕이 어떻게 파악되고 있는지를 살펴 보기로 하자.

《마레(마라이) 존사전》

먼저 미륵불을 보기로 하자. 이것은 《마레(마라이) 존사전(尊師傳)》이라는 불교설화 속에 등장한다. 이 설화는 미얀마에서는 《마레 존사전》, 타이에서는 《프라 마라이경(經)》으로 알려지고, 라오스와 캄보디아에도 존재한다. 원래는 스리랑카에서 성립한 것이라는데, 장편시나 설화 형태로 각국에 퍼져 있다.

미얀마에서는 현재 18세기 중엽에 만들어진 '마레 존사'라는 이름의 4언(言) 장편시가 알려져 있다. 또한 출전은 확실하지 않지만 금세기에 편찬된 여러 고전문학 작품집에도 단편적이나마 포함되어 있다. 이것들을 전체적으로 보면 명확히 두 가지 갈래가 존재한다.

그 하나는 다음과 같다.

① 스리랑카의 어떤 사원에 사는 마레 존사가 어느 날 밤 복통을 느꼈다. 그는 천안(天眼)으로 복통을 치료할 수 있는 자를 찾아 그 사람이 사는 마을로 향하였다. 복통용의 약죽을 만드는 동안, 마레 존사는 이 사람을 데리고 스라마니 불탑에 참배하기 위해 도리천에 올라갔다.

② 이 불탑에는 천계에 사는 신들도 참배하러 오고 그 가운데 미륵보살도 있었다.

③ 마레 존사에게 이 남자는 전세에 어떠한 공덕을 쌓으면 미륵보살처럼 영광스런 모습이 될 수 있는가 하고 물었다.

④ 미륵보살은 이 선남자에게 성스러운 요포(腰布)을 주고 보시와 계율 준수를 확실히 몸에 새기도록 교시하였다.

⑤ 마레 존사와 선남자는 마을로 돌아와 존사는 준비된 약을 먹고 병이 나아 자신의 사원으로 되돌아 왔다.

⑥ 그 후 이 선남자는 보살의 가르침을 지켜 장수를 누린다. 그리고 내세에 도솔천에 재생하여 대위천(大偉天)이 되어 미륵보살을 섬겼다.

또 하나는 돌연 지옥의 장면부터 시작한다.

① 마레 존사는 지옥에서 고통에 신음하는 망자(亡者)들로부터 자신들이 이 고통에서 벗어나기 위해서는 인연 있는 자의 공양이 있어야 한다는 말을 듣는다. 그래서 그는 인간계에 가서 그들에게 그렇게 전하고 싶다고 애원한다.

② 마레 존사는 인간계에 돌아와 이번에는 갈색 연꽃 여덟 송이를 가지고 도리천에 오른다. 그는 거기에서 만난 석천(釋天)과 함께 미륵보살이 스라마니 불탑에 참배하여 오기를 기다렸다.

③ 마침내 미륵보살이 나타난다. 그는 마레 존사가 인간계에서 왔다는 것을 알고 돌아가면 중생에게 그들이 해탈하고 싶으면 자신이 붓다가 되었을 때에 지정하는 덕목을 수행하도록 전달해줄 것을 부탁하였다.

첫째나 둘째나 모두 미륵보살이 도리천에서 중생이 지켜야 할 계율을 알려준다는 점에서는 일치하고 있다. 그러나 첫번째 줄거리에서는 선남자 한 사람에게 말했던 것에 비해, 두번째 이야기에서는 중생 전체를 의식하고 있다. 이것이 결과적으로 첫번째의 ⑥과 두번째의 ③의 차이로 나타난다. 즉 첫번째에서는 미륵보살은 지상에 내려오는 것을 서술하고 있지 않다. 그러나 두번째에서는 명확히 장래에 미륵보살이 내려온다는 것을 상정하고 있다.

타이에 퍼져 있는 것은, 아유타야 왕조 후기의 시인 챠오파 탐마티베의 작품이라고 하는 다니니바트(Dhaninivat)의 해설에 의하면, 미얀마의 첫번째 줄거리와 비슷하다. 수행으로 초자연적 능력을 얻은 스리랑카의 승려 프라 마라이는 신통력으로 천계와 지옥을 돌며 도리천에서 미륵보살을 만난다. 그리고 미륵보살은 프라 마라이에게 하계(下界)의 도덕 상태를 묻고, 자신이 제시하는 도덕률을 준수하도록 하계의 중생에게 전하라고 말한다. 미륵보살은 '대본생(大本生)' 즉 석존이 성도하기 직전 이 세상에서의 생활을 서술한 본생담(本生譚)의 내용을 항상 의식함으로써 중생은 깨끗하고 가치 있는 생활을 얻을 수 있다고 설한다.

이와 연관하여 타이의 《프라 마라이경(經)》에서 지적하는 '대본생'이 있다. 이것은 트라이로카나트 왕이 불교권에서 '보시태자(布施太子) 이야기'라는 이름으로 잘 알려진 본생담 제547화 벳산타라 태자 본생담을 타이 어로 번역 편찬한 것을 가리킨다. 미얀마의 두번째 줄거리에도 미륵보살이 지정한 주요한 실천덕목으로 이 벳산타라 태자 본생담을 경청할 것이 포함되어 있다. 본생담에 의하면 이 벳산타라 태자는 제툿타라 시(市) 산쟈야 왕의 아들로 보시를 좋아하는 왕자로 알려져 있었다.

왕자가 타는 흰 코끼리는 비를 내리게 하는 힘이 있었는데, 이것마저도 다른 나라에서 온 바라문에게 보시하고 만다. 이로 인해 시민들의 원성을 사서 처자와 함께 산으로 들어가 출가한다. 그러나 그의 두 아들조차 바라문의 하인으로 보시하고 마침내 아내마저 제석천에게 보시한다. 그리하여 결국 보시 수행의 완성(바라밀)의 경지를 얻고, 고국에 돌아와 국왕이 되었다는 이야기이다.

따라서 《마레(마라이) 존사전》의 동기의 하나가 보시 정신을 고무하는 데 있다는 것은 틀림없다. 그리고 이것은 원래 미륵이 자비심을 강조하는 붓다라는 사실과도 무관하지 않은 듯하다. 벳산타라 태자 본생 속에 나와 있는 보시 정신을 의식하고 실천하는 한, 자비심을 설하는 미륵불의 구제(해탈 즉 윤회의 고통에서 벗어나는 것)를 받게 된다. 즉 미얀마의 두번째 줄거리와 타이의 《프라 마라이경》에 나와 있는 또 하나의 중요한 동기로서 미륵불에 의한 구제가 있다는 점을 지적할 수 있다.

《마레(마라이) 존사전》의 보급

그런데 이 《마레(마라이) 존사전》은 불교의 침투와 함께 옛날부터 민중들에게 잘 알려져 있었다.

미얀마에서 마레 존사에 대한 가장 오래된 기록은 중부 미얀마 마흐라인 읍에 있는 스타운붸 불탑에 새겨진 서력 1201년의 비문에서 볼 수 있다. 여기에는 시주가 공덕을 쌓는 일에 대해 들은 일련의 교설 가운데, 《마레 존사전》에 관한 교설이 있었다고 기록하고 있다. 또한 같은 비문에 이 《마레 존사전》에 관한 교설 후에, 벳산타라 태자전(태자전)의 교설을 경청한 사실을 볼 수 있다. 이것으로 미얀마의 《마레 존사전》 두번째 줄거리가 이미 이 시대부터 존재하였고, 또한 그 내용을 실천하고 있었다고 생각해도 좋다.

역시 미얀마에서는 이전에 '마레 존사제(祭)'라든가, '어좌선제(御座船祭)' 또한 '천만제(千萬祭)'라 부르는 축제가 행해지고 있었다. 다자운몬 기간(11월~12월 사이) 보름날에 좌선(座船)을 만들어 각각 1,000개의 종이 우산·양초·과일·기(旗)드림 등을 준비하여 벳산타라 태자 본생을 경청한다는 것이다. 이것은 미얀마의 《마레 존사법》 두번째 줄거리의 ③부분이다.

즉 미륵보살이 계율을 지키고 벳산타라 태자 본생을 겸허하게 듣고 자신에게 어울리는 보시를 태만하지 않고, 양친과 스승을 따르고 그들에게 효행을 다하고, 삼보를 공경하라고 지시했다고 한다. 이와 함께 다자운몬 기간 보름날에 좌선에 바나나 잎을 깔고, 여기에 1,000개의 과일·종이로 만든 1,000 기(旗)드림·우산·깃발·1,000개의 등불·1,000개의 식사, 1,000개의 꽃다발 등을 준비하여 벳산타라 태자 본생의 1,000장구(章句)에 봉납하라는 지시를 받았다는 것이다. 이 1,000이라는 숫자는 벳산타라 태자 본생담이 1,000구절(章句)로 꾸며졌기 때문이라고 한다.

이 '마레 존사제'는 콘바운 시대 후기(19세기 중엽) 단계에서는, 오늘날에도 성대하게 행하고 있는 '등명제(燈明祭)'나 '승의증정제(僧衣贈呈祭)'와 함께 커다란 축제였던 것 같다. 그리고 20세기 초기단계에서는 하미얀마 대부분 지역에서 폐지되고 말았는데, 상미얀마에서는 여전히 행해졌다고 한다.

1960년대에 이르러서는 상미얀마에서도 일부 지방을 제외하고는 그 의미조차 잊혀지고 말았다고 한다.

원래 타이에서는 《프라 마라이경》의 독송은 혼인의례의 중요한 일부였다. 타이에서는 결혼식을 치르고도 길일이 오기까지는 신랑 신부가 신방에서 함께 지낼 수 없었다. 그 동안 신랑 신부의 양친은 각각 2명의 학식 있는 재가자를 불러 《프라 마라이경》의 독경을 부탁한다. 이 경문은 그 아름다운 운율로 사람들이 즐겨 들었다고 한다. 이것은 그 속에 들어 있는 도덕률을 듣게 함으로써, 결혼생활에 훈계를 주려는 것이었다. 이 습관은 나중에 폐지되었으며 《프라 마라이경》은 죽은 영혼을 공양하는 경문으로 사용되었다고 한다.(프라야 아누만라챠튼 1984 : 241~242)

이처럼 《마레(마라이) 존사전》은 미얀마에서는 좌선에 장식을 달아 벳산타라 태자 본생을 경청하는 '마레 존사제'로, 타이에서는 결혼식이나 장례식 등 일상적인 의례 속에서 독송하는 형태로 민중들의 생활 속에 스며들어 있었다는 점은 분명하다. 이 과정에서 미륵보살이 장래 하생(下生)하여 중생을 구제한다는 지식도 퍼져 나갔다고 생각할 수 있을 것이다.

전륜성왕 사상

그렇다면 전륜성왕에 관해서는 어떠할까. 제2절에서 지적한 바와 같이, 경전에는 이 왕에 대한 이야기가 많이 나오기 때문에, 아무리 불교에 대한 이해가 부족한 일반 불교도라도 많이 알고 있었으리라는 점을 쉽게 상상할 수 있다.

미얀마에서는 파간 왕조의 창시자인 아니룻다 왕(1044?~1088)을 '전륜성왕 아니룻다'로 표현하는 비문(1207년)을 볼 수 있다. 또한 마운 탄 반란에 등장했던 찬싯타 왕은 칭호 가운데 전륜성왕이라는 말을 포함하고 있었던 점을 비문으로 확인할 수 있다. 시간이 흘러 통구 왕조의 창시자인 다빈쉬에티 왕(1531~1550)은 스스로 전륜성왕을 지향하고, 게다가 마운 탄 반란에서 증거로 들었던 아람파야 왕도 자기 자신을 전륜성왕에 비교하고 있다.

또한 보드퍄야 왕(1781~1819)도 흰 코끼리를 손에 넣은 사실을 들어 이것은 칠보의 하나라고 하며 암암리에 자신을 전륜성왕에 비유하였다. 이처럼 미얀마에서는 예로부터 전륜성왕을 이상적인 왕의 대명사로 생각하고 있었다는 것을 알 수 있다.

또한 미얀마에서는 국왕뿐만 아니라, 민간전승이나 민간신앙 속에서도 전륜성왕을 다루고 있다. 예컨대 '보 보 아운'이라는 우웨자(초능력자)가 지닌 신통력으로 신자들에게 현세이익을 가져다 주려는 신앙이 있다. 이 신앙체계의 일부가 전륜성왕 전설로 이루어지고 있다. 보 보 아운은 '셋챠 민'이라는 실재한 왕자가 살해되려는 것을 구원하고, 이를 신들(낫)의

나라에 살게 하여 지상의 구제에 대비하고 있다고 한다. 이 문맥에서 셋챠 민은 고유명사에서 일반적인 전륜성왕으로 변하여 민중의 구세주라는 이미지를 강하게 드러낸다. 오늘날에도 주요한 불탑 부지에는 이러한 민간신앙의 시설이 있어 거기에서 전륜성왕상(像)을 볼 수 있다. 다만 여기에서는 전륜성왕의 상징이자 사변을 평정하는 윤보(輪寶)가 날카로운 검으로 바뀌어져 있다. 이것은 불교의 융성과 번영을 꾀하도록 제석천에게서 받은 것이라고 한다.

한편 타이에서의 전륜성왕은 통속적 불교서인 《삼계경(三界經)》에 등장한다. 이 '성전(聖典)'은 14세기 스코타이 왕조의 리타이 왕이 저술한 것이라고 하며, 1830년대 후반 팔리어 성전의 중요성이 강조될 때까지 타이불교를 지탱하고 있었다고 한다. '삼계'란 '욕계(욕망이 존재하는 세계)' '색계(욕망은 이제 존재하지 않지만 형태가 여전히 존재하는 세계)' '무색계(이미 욕망도 형태도 완전히 존재하지 않는 정신적 세계)'라는 세 가지 존재 상태를 가리킨다.(渡邊 1982 : 250) 이 저술의 동기는 삼계에 존재하는 여러 생물의 상태를 상세하고 구체적으로 묘사함으로써 인간의 행동규범을 보이려는 것이다. 내용적으로는 '욕계'에 관한 서술이 가장 많으며, 이것은 나아가 '축생계' '아귀계' '아수라계' '인간계'로 나뉘고, 그 가운데에서도 '인간계'가 전체의 5분의 2를 차지하고 있다고 한다.(石井 1975 : 320)

이 '인간계'의 일절에서 전륜성왕에 관한 것이 다음과 같이 서술되고 있다. 칠보를 두루 갖춘 전륜성왕이 나라마다 찾아가는 것은, 전쟁을 하거나 공납을 강요하기 위한 것이 아니다. 그러나 어디를 가더라도 모든 왕이 스스로 찾아와 충성을 맹세하고 자신의 영토를 기꺼이 바친다.

전륜성왕은 어떠한 재산이나 공납도 바라지 않고 주민을 위해서도 그러한 일이 있어서는 안 된다고 훈계하였다. 그리고 이 왕은 석가모니 붓다와 마찬가지로 덕과 불법을 알며 불법만으로 모든 사람을 설득한다고 한다. 여기서는 이상적인 왕으로서 전륜성왕의 모습을 일관되게 묘사하고 있지만 지배자로서의 측면이 강조되고 있는 점에 주의가 간다.

타이는 미륵불, 미얀마는 전륜성왕

이처럼 주로 미륵불은 《마레(마라이) 존사전》이라는 불교 설화나 축제를 통하여 민간에게 알려지고 있었다. 그리고 전륜성왕은 중요한 시기에 나타나는 국왕으로 사람들에게 다가오고 있었다. 그러나 그것이 각각 민중들에게 다가가 정착하는 과정을 살펴보면 두 나라의 사정은 반드시 일치하지는 않는다.

미얀마에서 전륜성왕에 관한 기록은 이미 파간 왕조 시대부터 재가자가 남긴 비문에 "가난하지 않고, 지옥에 가지 않으며, 인간이 되어서는 전륜성왕의 영화를 누리고 싶다."라든가, "인간, 천계를 지배하는 전륜성왕"으로 이해하는 기록이 있다. 이처럼 전륜성왕은 이 세상에서 번영과 행복을 가져다 주는 강력한 최고의 왕이라는 이미지로 자리잡고 있었다. 그리고 전륜성왕이 구비하는 칠보의 하나인 윤보가 위력적인 보검이라는 현실적인 것으로 대치되기도 한다. 또한 그것은 오늘날에도 민간신앙 속에서 등장하는 등 미얀마 문화 속에서 대중적으로 꽤 깊이 자리잡고 있다고 할 수 있다.

타이에서도 《삼계경》에 전륜성왕의 바람이 나와 있다. 거기에서 전륜성왕은 사람의 마음을 즐겁게 하고, 안녕과 행복을 얻게 하며, 위험에 처하지 않도록 하고, 모든 사람에게 불법을 설하기를 바란다. 이것을 보면 타이에서도 전륜성왕에 대한 생각이 미얀마와 거의 같다고 보아도 좋다. 다만 미얀마에서는 전륜성왕이라는 말이 팔리 어 철자와 같고, 이 말이 그대로 이상왕(理想王)을 나타내는 언어로 사용되었다.

이것에 비해 타이 어 혹은 라오 어에서 이상왕은 thammaracha 혹은 thammikarat(각각 팔리어 팔리 어 dhammaraja 및 dhammikaraja의 訛音)라 부르고, 그것을 국왕 이름의 일부로 사용하고 있다.(石井 1975 : 320) 그렇기 때문에 이것이 불교세계의 전륜성왕에 결부되기 위해서는 몇 개의 매개항이 필요하였다고 생각된다. 또한 사원의 벽화 등에도 전륜성왕 그 자체의 모습이 묘사되고 있지는 않다. 이처럼 타이에서는 전륜성왕의 이미지가 미얀마만큼 명확히 형성되고 있지는 않았다고 볼 수 있다.

한편 미륵불에 대해서는 미얀마의 경우《마레 존사전》은 민간에서 '마레 존사제'라는 형태로 보급되고는 있었다. 그러나 축제에서 실제로 행하는 것은, 좌선(座船)을 만들어 공물을 바치고 벳산타라 태자 본생을 경청하는 것이기 때문에 여기에 미륵불은 등장하지 않는다. 20세기 초기 하미얀마의 사례에서는 축제에 관련하고 있는 사람조차 그 의미를 모르는 상태이다.(J. S. F. 1900 : 158) 따라서 근대 이후 미얀마에서 파간 시대처럼《마레 존사전》그 자체를 듣는 관습을 발견할 수 없는 이상, 그 의미조차 모르는 '마레 존사제'를 통하여 미륵관념이 민중들 속에 정착했다고 보는 것은 조금은 무리일 것이다.

그런데 타이에서는 현재는 폐지되었다고는 하지만, 이《프라 마라이경》자체가 결혼식이나 장례식 등 일상적 의례 속에서 독송되고 있었기 때문에, 미륵보살이라는 존재는 꽤 친숙한 것이었다고 생각된다. 또한 타이에서는 '테트 마하챠트'라는 '대본생(大本生)' 1,000구절을 듣는 축제가 있다. 이것은 역시 11월부터 12월에 걸쳐 며칠 동안 사원에서 계속된다. 이 구절을 모두 듣고 덕을 쌓으면 죽어서 천계에 재생하고 지옥에 떨어지지 않는다고 한다.(田中 1988 : 196~200)

이 의례에서는 행사에 앞서《프라 마라이경》을 교설하고 있다. 그렇기 때문에 좌선을 만들어 각각 1,000개의 우산이나

기(旗)드림으로 장식하는 일은 없으나 미얀마의 '마레 존사제'와 동일하다고 보아도 좋다. 다만 이 경우는 《프라 마라이경》과 한 짝이 되어 있어 '테트 마하챠트' 의례를 통해서도 미륵불에 대한 지식이 침투하고 있다는 것은 틀림없다.

요컨대 민간 불교의례나 관습에서 나타나는 불교적 세계관 속에서는, 미얀마에서는 전륜성왕이, 타이에서는 미륵보살의 보급도가 각각 높은 것으로 생각된다. 그리고 이것은 그대로 제1절에서 본 것처럼 실제 민중운동에 반영되었을 것이다. 그러나 제2절에서 지적한 대로 이 세상에서 고통받는 민중의 구제자로서의 이미지는 전륜성왕에 비해서 미륵불의 그것은 매우 희박하였다. 그래서 다음에는 타이에서 왜 미륵불이 구세주로 등장할 수 있었을까, 그리고 그것은 어떠한 세계관에 근거한 것인가를 미얀마와 비교하여 살펴보기로 하자.

제4절 · 타이에서의 미륵불관과 종말론

미얀마의 미륵관

제2절에서 살펴본 대로 불전에 나와 있는 미륵불에 의한 구제라는 사상은 어디까지나 정신적인 것이었다. 파간 시대의 비문에도 "미륵보살이 붓다가 될 때, 아라한과를 얻고 싶

다." 즉 수행을 완성한 존경받는 사람으로 되고 싶다고 표현한다. 또한 "미륵보살이 붓다가 될 때, 아라한과를 얻어 열반에 이르고 싶다."든지, "최후의 생에서 미륵보살과 마찬가지로 장엄의 극에 달하고, 모든 중생과 신들을 윤회의 고통에서 구제하여, 열반의 도읍에 불러들이고 싶다."든지, "미륵보살이 붓다가 될 때, 샤리프트라가 석가모니에 대해서 그랬듯이, 그의 오른 팔이 되거나 첫째 제자가 되고 싶다."라는 형태로 표현하고 있다. 즉 미륵불에 의해 이 세상에서 구원받고 싶다는 데서 한 걸음 더 나아가 열반을 얻고 싶다는 의식을 볼 수 있다. 미륵불을 공경하는 것은 어쨌든 그 과정이었다.

구제가 이 지상이 아니라 천상에서 일어난다는 생각은 불전 이외에 민간에 퍼진 불교설화나 민간신앙 속에서도 마찬가지이다. 《마레 존사전》 첫째 줄거리는 《마레 존사전》이라기보다는 수라캇라촌에 사는 어느 선남자 이야기라고 하는 것이 좋고, 이 경우 미륵에 의한 구제까지는 이야기가 미치지 않는다.

또한 둘째 이야기에서도 청정하지 않은 행(非梵行)을 배제하고, 계율을 지키고, 벳산타라 태자 본생을 경청하고, 좌선(座船)을 봉납하면 중생은 붓다가 된 미륵불을 만날 수 있고, 함께 열반에 이를 것이다는 것이다. 그래서 어디까지나 최종적 구제는 천상에서 행해진다는 것을 분명히 의식하고 있었다고 보여진다. '마레 존사제'에 좌선이 등장하는 것은 이 배를 타고 열반에 이른다고 생각하고 있었기 때문이다. 여기에서는 지상에 행복과 번영을 가져다 주는 구세주로서의 미륵상은 나오기 어렵다.

타이에서의 미륵보살의 구제

그런데 타이《프라 마라이경》에서는 모습이 조금 다르다. 앞서 검토한 대로 이야기 줄거리나 벳산타라 태자 본생을 배청(拜聽)하는 것을 동기로 하고 있다는 점은 미얀마 두번째 이야기와 크게 다르지 않다. 그러나《프라 마라이 경》이 "오계(五戒)를 지키고 보시를 행하는 등 공덕 행위는 나의 장래 하생(下生)을 앞당기고, 또한 나의 현세에 대한 영향력을 강화하게 될 것이다."라는 말로 끝맺고 있는 것에서 미륵불에 의한 구제가 지상적이라는 것을 엿볼 수 있다.

이것은 스코타이 시대의 비문에서도 확인할 수 있다. 공덕을 쌓음으로써 '미륵불이 설법에 관여하기를' 바라는 기원문을 볼 수 있는 것은 미얀마와 같다. 그런데 1357년 리타이 왕의 비문에는 세상이 혼란해도 불탑이나 신성한 보리수에 깊이 귀의하는 자는 "천상에 재생하여 미륵보살이 하생하여 성도할 때, 다시 이 지상에 재생하는 소원이 이루어질 것이다."라고 적혀 있다. 즉 미륵보살이 도솔천에 있을 때는 천상에서 대기하고 있고, 미륵이 하생함과 동시에 이 지상에 재생하여 설법에 참여한다는 것이다.

보통은 미륵의 설법을 들어 다시 덕을 쌓고, 그 후 열반에 달한다는 줄거리일 것이나 그 부분은 서술하고 있지 않다. 미얀마에서 미륵의 설법을 들어 해탈하고 열반에 도달한다는 부분을 강조하는 것과는 대조적이다.

타이의 종말론

같은 상좌부 불교권에 있으면서도 미륵불이 구제하는 장소가 이처럼 미얀마에서는 천상에 비중을 두고, 타이에서는 지상에 두어 각기 무게 중심이 다르다. 이것은 타이에서 미륵불이 종말론과 연관하여 등장하는 것과 무관하지 않은 것 같다.

타이의 《프라 마라이경》에는 미얀마의 경우와 달리 분명한 형태로 종말론을 전개하고 있다. 즉 도리천에서 프라 마라이가 하계(下界)의 상태를 이야기하자 미륵보살이 말한다. 곧 석가모니 붓다가 설한 법에 의한 세계가 4,000년에 달하기까지 인간은 한없는 타락을 거듭한다. 그때 인간은 부도덕이 극에 달하고, 세상 전체는 선악의 전쟁이 시작되고, 악인은 모두 죽어 없어진다.

여기에 자신이 법을 설해 달라는 요청을 받아 지상에 태어난다는 것이다. 제2절에서 본 《전륜성왕사자후경》의 줄거리로 말한다면, 계곡과 동굴에서 나온 사람들이 선법을 지키고 살생을 행하지 않을 것을 맹세한 단계에서 미륵보살이 등장하는 것이다. 여기에는 전륜성왕의 순번조차 없다.

또한 리타이 왕 비문에도 석존이 설한 불법이 소멸해 가는 모습을 구체적으로 서술하고 있다. 먼저 인간의 수명이 단축되고 고귀한 위치에 있었던 자의 권위가 실추하기 시작한다. 다음으로 삼장(三藏)이 소멸하고 그것을 아는 자가 거의 없게 된다. 그리고 승려도 처음의 사계(四戒)만을 지키고 그 밖의 계율은 내버리고 만다. 마침내 가사의 상의를 입는 승려조차 거의 없고 다만 붓다의 신성한 사리만 남을 뿐이다.

결국 마지막에는 각지에 흩어져 있던 불사리는 그 불탑에서 빼내져서 하늘을 날아 스리랑카의 마하투파에서 하나가 된다. 이어서 붓다가야의 땅에 나아가며 거기서 불태워 없어진다. 이것으로 완전히 현재의 법은 소멸하고 세상은 희망없는 혼란한 상태에 빠진다. 사람들은 선악의 구별이 없어지고 모든 종류의 악행을 거듭하여 지옥에 재생한다. 따라서 아직 불법이 남아 있는 현재 덕을 쌓아 천국에 재생하고 거기에서 미륵보살이 지상에 하생하는 것을 기다리라는 것이다.

여기에서는 말법 세상의 비참하고 혼돈된 상황과 함께 미륵보살의 하생(下生)을 서술하고 있다. 이 장면에서는 이미 전륜성왕은 등장하지 않고, 미륵불이야말로 재앙으로부터 중생을 구제하고, 이 세상에 평화를 가져온다는 이미지가 분명히 드러나고 있다. 확실히 미얀마에서도 현재의 붓다의 가르침이 5,000년밖에 계속되지 않는다고 파간 시대부터 인식하고 있었다.

석가모니 붓다는 입멸하기 전에 자신의 가르침이 2,500년 동안 계속한다고 했는데, 제석천이 자신의 금강저(金剛杵)로 2,500년 더 그 가르침을 지키기를 기원하였기 때문에 결국 5,000년으로 되었다고 한다. 그러나 이것을 기축으로 종말론이 전개되어 미륵불에 의한 구제로 발전하는 예는 눈에 띄지 않는다. 민간신앙의 경우에도 전륜성왕이 제석천의 명령으로 이 지상에 내려와 중생을 구제한다는 관념이 강하다.

미륵상생신앙과 하생신앙

석가모니 붓다가 입멸한 후 일정한 기간이 경과하면 이 붓다의 가르침 대로 수행하여 깨닫는 자가 없게 되고 불법도 소멸한다. 그러면 다음의 붓다가 출현하여 중생을 교화할 것이라는 예언은 남전계, 북전계를 가리지 않고 또한 종파나 시공을 초월하여 모든 불교 속에서 발견할 수 있다. 다음의 붓다 즉 미륵은 일찍이 석가모니의 우수한 제자였다. 현재는 도솔천이라는 천상계에 있어 여러 신들을 위해 설법하고, 장래 다시 지상에 내려와 붓다가 되어 우리들을 구제한다고 여겨진다. 이 보살이 지상에 하생하여 용화수(龍華樹) 밑에서 세 번에 걸쳐 설법을 행한다. 여기에서는 구제 신격(神格)으로서의 미륵 본래의 성격이 강하게 드러나 지상에서 집단적 구제사상의 주축이 된다.

타이에서 발생한 민중운동에서는 어느 것이든 그 지도자가 민중에 대해 죄를 씻고 계율을 지켜 도덕적 생활을 할 것을 설교하였다. 그러한 자만이 구제받을 수 있기 때문이다. 이것은 분명히 《프라 마라이경》이나 리타이 왕 비문 속에서 서술하고 있는 미륵불에 의한 구제 패턴을 답습한 것이라고 할 수 있다. 그리고 여기에 불전 속의 한없이 번영한 세상에 나타나는 미륵불의 이미지가 겹쳐진다.

미륵불이 출현하고부터는 이 세상은 번영하고 사람들은 행복한 생활을 누릴 수 있다. 즉 현재가 그렇지 않다면 그러한 세상이 출현한다는 것이다. 그리고 그 때문에 모래나 나뭇잎이 일순간에 황금으로 변화할 필요가 있는 것이다.

한편 지상세계에 내려오기 이전에 미륵보살이 그때를 기다리면서 사는 도솔천으로 신자가 죽은 후 상생(上生)하여 거기에서 미륵보살의 교법을 듣고 행복을 누리고 싶다고 원하는 경우도 있다. 앞에서 말한 고대 스리랑카의 둣타가마니 왕의 일화나 《마레 존사전》의 첫째 줄거리는 그 예라고 할 수 있다. 물론 이 경우도 미륵보살과 함께 일단은 지상에 내려오지만 궁극적인 구제는 천상에서 일어나는 것이지 지상세계에서 일어나는 것이 아니다. 따라서 이 생각이 주류를 이루는 지역에서는 미륵불이 민중운동의 구세주로 등장하는 경우가 적다고 생각할 수 있다.

이와 연관하여 《마레 존사전》의 첫째 줄거리는 싱할라 어에서 1927년에 번역된 것으로, 마레(마라이)전의 원형을 생각하게 한다. 이것이 미얀마, 타이에 전해지는 과정에서 둘째 줄거리가 성립하고, 미얀마에서는 그 원형에 이끌려 천상에서의 구제에 무게중심을 둔 것이 아닌가 하고 생각된다.

미륵불에 의한 구제방법을 크게 미륵상생적(上生的)인 것과 미륵하생적(下生的)인 것으로 나눈다고 한다면, 타이의 경우는 미륵하생적, 미얀마의 경우는 미륵상생적인 색채가 강하다고 생각된다. 이처럼 양자에 차이가 생기는 것은 종말론이 강하게 존재하는가 아닌가 하는 문제 때문일 것이다. 타이에서는 말법(末法)과 연관하여 미륵불에 의한 구제를 서술하고 있기 때문에 지상의 혼란과 관련지어 구세주상으로 미륵보살이 주역을 맡게 되었다. 또한 미얀마에서는 미륵보살에 의한 구제는 천상에서 행해진다는 관념이 강하였기 때문에 지상에서 이상세계의 실현에는 전륜성왕이 주역을 맡게 되었다고 생각할 수 있다.

맺음말

지금까지 남전계 상좌부 불교권에서 천년왕국적 민중운동

의 사상적 배경으로서 자주 전륜성왕과 미륵불을 짝으로 한 구제관(救濟觀)을 지적하여 왔다. 그러나 불전이나 설화문학을 중심으로 한 타이와 미얀마의 비교에서 분명해진 것은, 반드시 그러한 운동의 밑바탕에 그것들이 존재하였는가 하면 꼭 그렇지만은 않다는 것이다. 어디까지나 이것들은 개별적으로 취급되고 있고, 그 어느 것이 강하게 표출되는가는 개별 문화의 차이를 반영하고 있다.

미얀마에서는 미륵하생이라는 관념이 극히 희박하고 전륜성왕이라는 이 세상에 존재하는 이상적 지도자가 이 세상을 구제한다는 극히 차안적(此岸的) 개혁운동으로 표현되었다. 그 때문에 이상세계에 대한 이미지도 매우 구체적으로 전개될 소지를 가졌던 것으로, 1910년대 중반부터 활발해진 민족주의적 운동과 유기적으로 결합하여 민중운동이 발전하고 있었다.

또한 같은 남전 상좌부 불교권에 있으면서, 타이에서는 이 세상에 이상세계를 가져오려는 민중운동의 중심핵에 전륜성왕이라기보다 미륵보살이 등장하였다. 이것은 다름 아니라 타이에서는 미륵하생적 관념이 강하였기 때문이다. 따라서 타이 민중반란은 종교적 색채가 나중까지 남게 되었다고 생각된다.

혼란한 세상에 미륵불이 출현하여 중생을 구제한다는 사상은 불전에는 없는 설정이었다. 그러나 불교적 종말론이 미륵보살의 등장에 크게 관계하고 있었다고 볼 수 있다. 종말론이 어떠한 이유로 타이에 뿌리깊게 존재하는가는 아직 분명하지 않다. 그것은 앞으로의 과제로 남아 있다.

참고문헌

Ba Shin. 1960. Shyan Mâlai of the Burmese. *BBHC*.1(2) 147~152.
Chatthip Nartsupha. 1984. The Ideology of Holy Men revolts in North East Thailand. *Senri Ethnological Studie*. 13. 111~134.
챠팃푸 나트스파, 野中・末廣譯, 1984, 《タイ村落經濟史》, 井村文化事業社.
Daninivat. 1948. Phra Malai, royal version, by Chaofa Kung, Prince Royal of Ayudhya, 45 pages, 1948. (review) *JSS* 37(1), 69~72.
Griswold. A. B. and Prasert na Nagara. 1973. The Epigraphy of Mahâdharamarâjâ I of Sukhodaya, Epigraphic and historical Studies, No, 11, Part I. *JSS* 61(1). 71~179.
石井米雄, 1975, 《上座部佛敎の政治社會學》, 創文社.
_____, 1982, 〈上座部佛敎文化圈における〈千年王國運動〉研究序說〉, 《千年王國的民衆運動の硏究》(鈴木中正編) 東京大學出版會, 399~440).
伊東利勝, 1983, 〈20世紀初上ビルマの反政廳運動〉 《愛知大學文學論叢》 73 : 49~87.
_____, 1985, 〈ウー・トゥーリヤ亂――一九世紀末下ビルマの反政廳運動〉《東南アジア硏究》 23(2) : 155~172.
_____. 1989, 〈ビルマ農民反亂の構造―1910年ミンムー反亂の事例から〉《東南アジア―歷史と文化》 18 : 3~40.

J. S. F. 1919, Meitteya and Slhinmale. *JBRS*. 9(3), 158~159.

Keyes. C. F., 1977, Millennialism, Theravada Buddhism, and Thai Society. *JAS* 36(2), 283~302.

Murdoch. J. B., 1974, The 1901~1902 'Holy Man's' Rebellion. *JSS*. 62(2). 47~66.

《ミャンマー百科事典》(ミャンマー語).

《南傳大藏經》.

中村元監修・補注, 1988,《ジャータカ全集》10, 春秋社.

프라야 아누만라챠튼, 森幹男, 1984,《タイ民衆生活誌(2)》, 井村文化事業社.

Sarkisyanz, E. 1986, Messianic Folk-Buddhism as Ideology of Peasant Revolts in Nineteenth and Early Twentieth Century Burma. *Review of Religious Research*. 10, 32~38.

田中忠治, 1988,《タイ―歷史と文化―》, 日中出版.

Than Tun, 1979, *History of Buddhism A.D. 1000-1300*, Burma Research Society.

渡邊照宏, 1982,《彌勒經》(《渡邊照宏著作集》第三卷) 筑摩書房.

제 7 장

불교를 둘러싼 여러 문제

이시이 요네오(石井米雄)

들어가면서

이 책의 서두에서 필자는 스리랑카와 동남아시아 대륙부를 중심으로 현재 약 1억인의 신도를 가진 상좌불교의 성립과 그 현상을 대강 살펴보았다. 그것에 이어 본서의 각 장에서는 주로 타이·미얀마·라오스를 대상으로 상좌불교와 고유신앙과의 공존, 불교교단의 조직과 승려의 수행생활, 민중생활 속의 불교, 불교가 만들어낸 문학세계, 그리고 역사상 천년왕국 운동이라는 사회운동을 낳은 미륵사상 등을 여러 각도에서 논하였다. 이 마지막 장에서는 앞에서 논하지 않은 문제 가운데 상좌불교에 대해서 지금까지 그다지 알려지지 않은 인도네시아 현대불교의 움직임을 알아보고자 한다. 아울러 동남아시아 불교라는 관점에서 논란이 되는 대승불교에 대해 살펴보고자 한다.

제1절 • 인도네시아에 전해진 상좌불교

현재 국민의 80%가 이슬람교도인 인도네시아 여러 섬에도 일찍이 불교가 번영한 시대가 있었다. 7세기부터 13세기에 걸쳐 수마트라 섬의 팔렘방을 중심으로 번영한 마레 인(人) 나라 슐리비쟈야에서는 고도의 불교교학 연구가 행해지고 있었다. 중국 번역승으로 유명한 의정(義淨)은 그의 저서 《남해기귀내법전(南海寄歸內法傳)》 속에서 불교 공부에 뜻을 둔 자는 인도에 가기 전에 먼저 슐리비쟈야에서 연구하는 것이 좋다고 권하고 있다.

의정 자신도 또한 이곳에서 2년간 머무르면서 불교교학을 연구하였다. 한편 쟈바 섬 불교는 보로부두르라는 거대한 석조건축을 남긴 것으로 유명하다. 8세기에서 9세기에 걸친 건축물이라고 알려진 이 불교유적은, 종교를 초월하여 쟈바 인의 마음의 고향이 되고 있다. 이것은 이슬람교도의 집이나 사무실에서조차 종종 보로부두르 그림이 걸려 있는 데에서도 알 수 있다. 그러나 종교로서의 불교는 수마트라 섬 북서부의 개종에서 비롯된 이슬람교의 영향으로 쇠퇴하였다. 현재 인도네시아라고 하면 불교를 떠올리는 사람은 거의 없을 것이다.

그러나 인도네시아에서 일단 소멸했을 그 종교가, 현재 통계서에는 100만 명을 넘는 신도를 가진 종교로 기재되어 있다는 사실을 아는 사람은 많지 않다. 여기에서는 금세기 초기부터 1930년대에 걸쳐 인도네시아의 한 구석에서 남모르게 시작한 불교부흥운동이 오늘날 인도네시아 정부로부터 정규 종교로 승인받게 되기까지 성장한 역사를 더듬어 보기로 하자.

19세기에 블라바츠키 여사와 올콧트 대령 등이 시작한 신지학협회(新智學協會, The Theosophical Society) 운동이 300년이 넘는 이민족의 식민지 지배로 쇠퇴한 스리랑카 불교의 부흥에 커다란 공헌을 한 것은 유명하다. 수도 콜롬보의 큰길의 하나를 '올콧트거리'로 부르고 있다는 사실은, 싱할라 인 불교도가 올콧트 대령을 얼마나 흠모하고 있는가를 잘 보여주고 있다. 그런데 이 신지학협회의 영향이 인도네시아에 미친 것은 전세기 말부터 금세기 초두에 걸쳐서이다.

그것은 1901년과 1907년에 《신지학월보》《신지학보》라는 잡지가 각각 스마란과 보골에서 창간되고 있는 사실에서 확인할 수 있다. 신지학은 인도종교에 폭넓게 관심을 나타내는데 특히 불교에 깊은 관심을 보이고 있었다. 인도네시아에서도 일찍이 1918년 경에는 보골 신지학협회 지부에서 협회원들이 붓다의 탄생, 성도, 입멸을 기념하는 '베사카' 축제를 개최하게 되었다.

1933년 말 인도의 마드라스 주 아잘에서 신지학협회 세계대회를 개최하였다. 이때 이 대회에 참석한 쟈바 불교도가 젊었을 때의 스리랑카 승려 나라다 장로에게 인도네시아 불교부흥에 열렬한 희망을 표명하였는데, 이것이 현대 인도네시아에서 '불교부흥'의 계기를 만들었던 것이다. 1934년 나라다 장로는 쟈바 교도의 초청으로 쟈바 섬에 건너가, 당시 바이텐조르후라고 불렸던 보골을 중심으로 바타비아·반둥·죠크쟈카르타·소로와 각지를 두루 돌며 정력적인 불교 포교를 행하였다.

이때 나라다 장로의 통역을 맡아 그 활동을 도왔던 사람이 나중에 비사카 그나달마의 필명으로 불교 보급활동에 힘쓴 쵸아 힌 호이 여사이다. 그녀의 부친 퀘 테크 호이(郭德懷)는 현대 인도네시아불교의 선구적 지도자로 유명하다. 그는 보골에서 태어난 복건계(福建系) 중국인으로 일찍부터 신지학협회의 사상에 공감하고 있었다. 그가 K.T.H라는 필명을 가지고 말레이 어로 행한 정력적인 문필활동은 널리 알려져 있다.

나라다 장로의 쟈바 방문에 앞서 이미 붓다의 생애를 말레이 어로 저술하는 등 불교에 남다른 관심을 보이고 있었던 크에 테크 호이는 나라다 장로의 방문을 계기로 인도네시아 태생의 프라나칸 화인(華人)을 중심으로 불교 보급활동에 지도적 역할을 수행하고 있었다. 그의 활동은 그때까지 백인 우위의 신지학협회의 태도에 대한 비판적 의미도 담고 있었다고 한다.

전후 인도네시아불교는 퀘 테크 호이 이후 신세대가 등장하여 새로운 단계에 접어든다. 그 지도자는 '아신 지나랏키타'라는 출가명으로 알려진 중국인 불교도이다. 아신 지나랏키타는 미얀마에서 득도하고, 명상법을 수행한 후 귀국하여 쟈바 섬 북부 스마란 읍을 중심으로 포교활동을 개시하였다. 그는 1956년 불기 2500년을 기념하여 스마란 교외에 정사(精舍)를 건립하고 이곳을 그 활동의 거점으로 삼았다. 현재는 근거지를 치파나스로 옮겼다.

가장 주목할 것은 1959년 베사카 축제를 계기로 라오스를 제외한 모든 상좌불교 국가로부터 고승을 초청하여, 그의 정사 안에 '시마 인터내셔널(Sima International)'이라는 이름의 계단(戒壇)을 처음으로 설치하였다는 사실이다. 그 이후 인도네시아 국내에서 불교 승려로서 득도를 받는 길이 열리게 되었다. 이러한 움직임에 자극을 받은 탓인지, 그 후 수마트라의 팔렘방, 쟈바의 스라카르타, 죠크쟈카르타 등 각지에서 불교 사원을 건립하였다. 또한 동부 쟈바에서는 일찍이 고대 쟈바 불교도의 후예들이 대량으로 개종하였다는 사실이 보고되고 있다.

이처럼 인도네시아에서 불교부흥이 반세기 가까운 역사를 거쳐 소수파이긴 하지만 점차 궤도에 들어서기 시작하였다.

바로 이 이후 인도네시아 불교의 전개에서 중요한 의미를 갖는 사건이 발생하였다. 1965년 9월 30일에 일어난 이른바 '9·30사건'이다. 이것은 그때까지의 용공적인 인도네시아 정부의 정치적 태도를 뒤바꾸고, 일거에 반공으로 돌아서는 계기를 이룬 정치적 사건이다.

이 사건을 인도네시아에서의 종교적 문맥에서 바라보면, 그 이후 '아가마(종교)'를 갖지 않는 자는 '아테이스(무신론자)'이며 곧 '공산주의자'라고 규정됨으로써 종교에의 귀속이 극도로 정치화되는 것을 의미하였다. 불교에 한정한다면 그 영향은 먼저 두 가지 영역에서 나타났다.

그 첫번째는 신도수의 증가이다. 그 증가는 지금까지 종교적 귀속이 반드시 명확하지 않았던 중국계 인도네시아인과, 종종 '통계적 이슬람교도'라고 부르는 이슬람적 생활을 그다지 엄격하게 지키지 않는 아밤간 무스림층(層) 주변을 침투함으로써 발생하였다고 생각된다. 1975년 인도네시아 통계연감은 불교인구를 103만 명이 넘는 것으로 기록하고 있는데, 현재는 이보다 2배 내지 3배 증가한 것으로 관측하고 있다.

또 하나의 영향은 '아가마'의 공식적 정의에 의해 초래되었다. 그것에 의하면 어떠한 종교이든 '아가마'로서 공식적으로 인정받기 위해서는 다음 세 가지 요소를 구비하지 않으면 안 된다. 즉 '유일신의 신앙' '예언자 혹은 성인(나비나비)' 그리고 '성전(聖典)'이 그것이다. 이처럼 극히 이슬람적인 종교의 정의에 엄밀하게 부합되는 것은 아마 이슬람교와 그리스도교 뿐일 것이다.

신을 믿는 힌두교도도 이 정의에는 어리둥절할 것이 틀림 없다. 그러나 당국자가 이 정의의 적용에 종교적 엄밀성을 기대하였다는 조짐은 거의 보이지 않는다. 이것은 이 정의가 정치적 동기에 의해 이루어졌다는 것을 뒷받침하고 있다. 불교의 경우 '성전'은 문제가 아니라고 해도, '나비나비'를 '예언자'로 삼기에는 그다지 익숙하지 않다. 그러나 현실에서는 '붓다'를 그들 종교의 '나비나비'로 삼는 불교도의 주장에 당국측은 납득하고 있다고 한다.

그렇지만 '유일신의 신앙' 조항에 이르러서는 일견, 풀 수 없는 난제처럼 생각되었다. 불교는 '신을 내세우지 않는 종교'라고도 말하기 때문이다. 그러나 이 곤란한 요구를 저 아신 쟈나랏카타는 그의 높은 정치적인 지혜를 발휘하여 이 난제를 해결하였다. 그는 쟈바 밀교(密敎) 속에서 '아디붓다(本初佛)'라는 관념의 존재를 발견하고 이것에 대한 신앙을 부각시킴으로써 이러한 정치적 요구에 응할 수 있다고 주장하였다.

그리고 '나비나비'에는 '붓다'와 '여러 보살'이, '성전'에는 '삼장경', 그리고 고대 쟈바 어로 씌여진 쟈바 밀교 경전인 《성대승론(聖大乘論)》 등이 그것에 해당한다고 하였다. 그는 그의 불교적 입장을 '대승' '소승'의 구별을 초월하여 '불승(佛乘, 붓다야나)'이라고 하고, 그 상가를 '마하상가 인도네시아'라고 이름하였다.

이러한 해석이 인도네시아 종교성 당국을 납득시켰다고 해서 곧바로 인도네시아 불교도 전부를 납득시켰던 것은 아니다. 그것은 일찍이 나라다 장로의 지도를 받은 스리랑카계 불교도 그룹이 반대하였기 때문이다. 그들은 《성대승론》을 원용하여 '본초불'에 대한 신앙을 설한 아신 지나랏카타의 새로운 해석이 상좌불교의 교리에서 벗어난 것이라고 비판하였다. 이 그룹은 나라다 장로의 지도와 함께 1969년 쟈카르타에 포교소를 설치한 타이 마하웃트파 승려의 지도를 받아 현재에 이르고 있다. 타이 인 포교승은 인도네시아 어를 습득하여 설법을 행하였다. 한편 경전의 독송에 사용하는 팔리 어 발음은 이때까지 친숙해진 스리랑카 방식을 답습하는 등 인도네시아 불교도의 전통을 배려하고 있는 점이 눈에 띈다. 그들 상좌불교 청교도들의 비판에 대해서 '불승파'는, 그렇다면 '상좌불교'에서 '유일신에 대한 신앙'이란 무엇인가 하고 반론하면서 그 공격을 피해가고 있다.

양파의 대립은 일찍이 아신 지나랏카타의 감화를 받은 일부 인도네시아 인 승려가 '마하상가 인도네시아'를 탈퇴하고, 새로운 상가 '상가 인도네시아'를 결성하는 사태로 발전하면서 인도네시아 불교계는 더욱 분열의 양상이 심화되었다. 불교계 내분의 확대를 우려한 인도네시아 종교성은 1974년 양파의 중개에 나선다. 그 결과 '상가 테라바다 인도네시아'라는 통일적 상가를 결성하여 사태는 수습되는 것처럼 보였으나, 그 후 '상가 마하야나'라고 부르는 분파가 생겨나 대립은 더욱 심해졌다. 1979년 5월 이들 세 '상가'의 승려 대표와 일곱 개의 재가신도 대표가 죠크쟈카르타에 모여 '인도네시아 불교도 대회'를 개최하였다. 그 결과 '유일신에 대한 신앙'을 둘러싼 각파의 해석은 '그 본질에서 동일하다'는 합의를 봄으로써 사태가 겨우 진정되었다.

인도네시아 불교의 내부에서 발생한 이러한 대립은 결국 그 당사자를 크게 두 부류로 갈라볼 수 있다. 즉 중국불교의 영향을 남기면서 독자적인 상좌불교를 발전시키려는 그룹과, 스리랑카 불교의 영향에서 시작하여 타이 불교의 지원을 받으면서 순수한 상좌불교의 전통을 충실히 계승하려는 그룹이 그것이다. 인도네시아 근대불교의 중심적 지도자가 어느 경우이든 프라나칸 중국인이었다는 사실을 고려하면, 이러한 대립의 발생은 불가피하였다고 볼 수 있을 것이다. 그러나 이러한 문제는 있지만, 오늘날 100만 명을 넘는 상좌불교도가 탄생하였다는 사실은 주목할 가치가 있을 것이다. 아마 인도네시아 현대불교의 발전은 1950년대 암베드카르의 지도하에 인도에서 힌두 사회의 하층민의 정신적 구제를 지향하여 불교도로 대량 개종한 이른바 '네오 부디스트(新佛敎徒)'가 탄생한 역사에 견줄 만하다. 이것은 상좌불교 역사상 중요사건으로 오래 기억될 것이라고 생각한다.

제2절 • 동남아시아에 전해진 중국계 불교

동남아시아에 전해진 대승불교에는 크게 두 가지 흐름이 있다. 즉 쟈바의 보로부두르나 캄보디아의 앙코르 톰 불교유적 등으로 대표되는 인도계 대승불교와, 베트남이나 동남아시아 여러 나라의 중국인이 신봉하는 중국계 대승불교 등 두 가지가 바로 그것이다. 전자는 현재 그 전통이 끊어져 유적만으로 그 옛 역사를 엿볼 수 있는 데 불과하기 때문에 여기에서는 다루지 않겠다.

이 장에서는 오늘날 여전히 사람들의 마음 속에 살아 움직이고 있는 중국계 대승불교를 취급하기로 한다. 이 책의 주요한 고찰 대상이었던 상좌불교와, 지금부터 다룰 중국계 불교의 커다란 차이의 하나는 그 존재형태이다. 상좌불교에도 예컨대 스리랑카의 테바레(사당)나 미얀마의 낫(神)신앙 등처럼 민중들의 실천 종교적 차원에서 바라보면 불교와 공존하는 다른 종교신앙의 존재를 무시할 수 없다.

그 공존하는 모습은 많은 인류학자의 연구대상이 되고 있다. 이 책에서도 다무라(田村)의 논문이 이 문제를 정면으로 다루고 있다. 그러나 미얀마처럼 낫이라고 부르는 신격의 성격이 꽤 분명한 경우에서조차 낫신앙 전체로 살펴보면 종교로서의 체계성은 불교와는 비교가 되지 않는다는 것은 말할 것도 없다. 그것은 창시자도 없을 뿐더러 성전도 없고, 교의도 없는 민중신앙에 불과하다. 이것에 비해 실천 종교로서의 중국불교는 도교 내지 유교라는 별개의 대전통을 가진 종교와 항상 병존하는 형태로 제시된다는 점에 특징이 있다.

그것은 이른바 중국 사찰의 문을 일단 들어서면 곧바로 알 수 있을 것이다. 거기에는 불상과 나란히 공자나 노자 내지 도교의 여러 신들의 상이 똑같이 안치되어 있다는 것을 알아차릴 것이다. 유교도 불교도 창시자가 있다. 또한 성전을 가지고 교의체계를 갖추고 있어 불교와 이른바 등가의 종교라고 할 수 있다.

중국에서는 이러한 복합적 종교를 가리켜 일찍부터 '삼교(三敎)'라 부른다. '삼교'는 중국문화의 한 요소로서 베트남에도 들어와, 거기에서는 이를 '탐자오'라고 부르고 있다. 따라서 물론 베트남 불교사를 거론하더라도 불교가 실제로 민중들에게 어떻게 수용되고 실천되고 있는가라는 것에 관심을 기울이는 입장이라면, 불교만을 따로 떼어서 논하는 일은 절름발이를 자초하는 일일 것이다. 이것은 베트남의 경우에 한정되지 않는다.

예컨대 싱가포르나 말레이지아 등 중국인이 많은 나라의 불교를 연구하는 경우에는 먼저 생각해야 할 중요한 사항이다. 이것은 각국의 통계서가 화교 종교를 취급하는 경우 하나의 문제를 던지고 있다. 예를 들어 타이에서는 옛날 1.6%를 '유교도'라고 기록하고 있었다. 그 항목이 최근 통계에서는 없어지고, 대신 불교도의 비율이 거의 똑같이 증가하였다. 이것은 타이의 중국계 불교가 최근 점차 교육부 종교국 통제하에 놓이게 되어 이것을 불교로 취급하게 되었기 때문이다.

이는 편의상 그렇게 되었다는 것을 의미하고 있는 것으로 실태는 전혀 변화가 없다. 싱가포르 정부 간행물에서도 중국인의 36.2%를 도교인구, 34.3%를 불교인구 등으로 그대로 기재하고 있는 것을 볼 수 있다. 이것도 중국인의 종교생활의 실상을 살펴보면 애초 그러한 분류 자체가 무리라는 것을 알 수 있다.

제3절 · 베트남의 불교

베트남은 한편으로는 중국의 정치적 군사적 지배에 대항하면서 오랜 전쟁을 계속해 왔다. 그런데 또 한편으로는 모든 면에서 중국문화의 강력한 영향을 받아 국가를 건설해 온 나라이기도 하다. 동남아시아의 다른 많은 나라가 인도의 문화적 영향을 받아들여 국가를 형성하고 그렇기 때문에 종종 '인도화된 나라들'이라고 불리고 있다. 이에 비해 유독 베트남만은 '중국화된 나라'라고 부른다.

베트남은 동남아시아에 위치하고 있으면서도 일본이나 한국과 함께 중국을 공유하는 동아시아 한자문화권의 일각을 형성하는 나라이다. 이것은 예컨대 타이 어 속에서 엄청난 숫자의 산스크리트 어 어휘가 채용되고 있는데 비해, 베트남 어에는 그것에 필적하든가 아니면 그 이상의 비율을 한자가 차지하고 있다는 사실에서 확인할 수 있다.

베트남 불교도 또한 이러한 일반적 문화상황 속에서 독자적인 발전을 이룬 종교이다. 동남아시아와 스리랑카 상좌불교가 팔리 어 성전을 공유하고 있듯이, 베트남 불교는 일본이나 한국의 불교도처럼 한역(漢譯)불전을 공유하고 있다. 다른 점이 있다면 일본의 불교도가 한문을 음독하고 있는 것에 대해 베트남 불교도들은 이것을 한월음(漢越音)이라고 부르는 베트남식 한자음으로 독송하는 점에 있다.

베트남 불교는 북부 베트남의 홍하(紅河) 유역에 있었던 중국의 속령(屬領) 교지(交趾 또는 交州)에서 시작한다고 한다. 이 지방은 서방 인도에서 해로를 따라 중국으로 향하는 상선의 마지막 기항지이자 서방으로부터 새로운 문물을 유입하는 이른바 문화의 창구 역할을 수행하고 있었다. 초기 불교사는 베트남에 불교를 전한 외국승으로 '마라기역(摩羅耆域)' '강승회(康僧會)' '지강량(支彊良)'의 이름을 드는데, 이들 불승들은 인도인이거나 혹은 더 서쪽에서 상선을 타고 바다를 건너 교지에 이른 소그드(Soghd) 인, 인도 스키타이 인 혹은 그 자손이었다. 이러한 초기 불교 전도자에 대한 기록은 단편적이고 그 활동도 자세한 것은 알 수 없다.

그렇지만 불교가 먼저 서방의 승려들에 의해 베트남 북부에 전해졌다는 역사적 상황은 추정할 수 있을 것이다. 이러한 상황 속에서 남중국 주강(珠江) 유역의 창오(蒼梧) 출신인 모자(牟子, 牟博)는, 후한 말 중국의 전란을 피하여 베트남에 들어와 거기에서 불교를 확장한 인물로 알려지고 있다. 그는 그의 저서 《이혹론(理惑論)》에서 중국 종교를 형성하는 세 가지 요소 즉 유교·불교·도교의 동이점을 논하면서 불교의 우위를 설하였다.

6세기 후반에 들어서면 남인도 바라문 출신인 비니타루치가 베트남에 처음으로 선(禪)을 전한다. 그가 창립한 베트남 초기 선의 종파를 비니타루치파(派)라고 부르고 있다. 9세기에는 보곤통(無言通)파가 발전하면서, 앞의 비니타루치파와 함께 양립하게 된다. 이 무렵까지의 베트남을 북속기(北屬期)라고 부르는데 이때는 중국 한대(漢代) 이후 약 1,000년에 걸쳐 중국의 지배하에 있었다.

10세기에 당나라가 멸망하자 독립을 향해 나아가 내란기, 단명으로 끝난 왕조 교체기를 거쳐 11세기 초기 이조(李朝)의 성립을 보기에 이른다. 그리고 이 이조의 역대 황제의 비호 아래, 불교는 비니타루치파와 보곤통파 양파 모두 눈부신 발전을 이룬다. 이조 제3대 황제 리 타인 통(聖宗)은 스스로 불교에 귀의하여 선(禪)의 새로운 파인 '타오 두옹(草堂)파'를 열었다. 13세기에 이조가 멸망하고 진조(陳朝)가 들어서자, 이 무렵까지 소멸하거나 쇠퇴의 길을 걷고 있었던 비니타루치파, 타오 두옹파에 대신하여 보곤통파에서 나온 새로운 선의 일파인 쥬크 람(竹林)파가 번창하였다. 역대 황제도 또한 쥬크 람파의 선에 참배하였다고 한다.

베트남이 독립한 이후 국가권력과 밀접한 연관을 맺으면서 발전해 온 베트남 불교는, 진조 중기 이후 왕조의 쇠퇴와 함께 세력이 약해지기 시작한다. 마침내 15세기에 여조(黎朝)가 등장하여 유교를 중시하는 정책으로 전환하자 불교의 쇠퇴는 점점 눈에 띄게 되었다. 그 결과 불교는 권력에 밀착한 종교로부터 대중의 종교로 전환되어 오히려 반권력적 세력의 온상으로 되어 간다. 그래서 이 경향은 오늘날에 이르기까지 계속된다.

종교가 대중의 수중으로 떨어질 때 그것은 종종 순수성을 잃고 다른 여러 가지 요소를 도입하여 복합종교의 형태를 취한다. 쥬크 람파의 선과 정토교의 사상이 융합하여 성립한 연종(蓮宗)은 그 전형적인 예이다. 자력을 지향하는 선과 타력의 대표인 정토교와의 결합은 얼핏 기이하게 여겨지기도 하지만, 현실의 연종은 밀교의 의례나 고유의 민간신앙까지도 받아들여 더욱 복잡한 내용을 가지고 있다.

연종은 17세기부터 18세기의 베트남 남북분열시대에 북방의 친(鄭)씨 영토에서 발전하여 많은 민란이 연종 신도에 의해 발생하였다. 그 세력은 근대에 이르러서도 여전히 수그러들지 않고 많은 불교도가 오늘날 역시 연종교도를 자처하고 있다고 한다. 분열기의 남부지방 즉 광남국(廣南國)은 구엔(阮)씨의 지배하에 있었다. 여기에서는 먼저 있었던 챰인(人)의 문화를 없애려는 구엔씨의 정책에 응하여 많은 불교 사찰이 건립되었다.

또한 구엔씨는 불교 전도를 위해 중국에서 원소(原紹)를 비롯한 불승을 초청하여 불교를 널리 장려하였다. 그러나 여기에서도 또한 북부의 연종과 마찬가지로 선과 정토교의 융합을 볼 수 있어 흥미롭다. 원소가 챰파의 옛 도시 비쟈야에서 일으킨 선의 일파를 임제정종(臨濟正宗)이라고 부르는데, 이것은 나무아미타불을 선의 공안(公案)으로 삼는 등 선과 정토 사상의 합일을 주장하는 연종과 유사성을 보이고 있다. 광남에서도 역시 불교행사를 활발히 행하였다.

타이송(西山) 동란을 거쳐 19세기 초기 전국을 통일한 구엔조(阮朝)는 전체적으로 불교를 경시하는 정책을 취하여 그 가운데에서도 북방의 연종을 억압하였다. 구엔조의 이러한 정책은 불교의 민중 종교적 성격을 점점 강화하는 결과를 낳았다. 그것은 또한 베트남 불교의 절충적 성격을 더욱 심화시키고 있었다.

대중은 불교사원에서 민족종교나 선조숭배의 의례를 행하는 한편 도교적 색채가 매우 짙은 의식을 운영하였다. 불교사원이라고 칭하면서 거기에 공자상이나 노자상을 모셔놓고 있는 것을 보는 일은 드물지 않다. 이 점에서 베트남 민중불교는 다른 동남아시아 여러 나라에서 현재도 볼 수 있는 화인(華人)불교와 공통점이 많다. 또한 이것은 석가모니 한 분만을 붓다로 받드는 상좌불교와도 다르다고 할 수 있다.

이러한 상황 속에서 베트남이 프랑스 식민지 지배를 받게 되는데 이러한 역사는 역시 불교에도 많은 영향을 미치지 않을 수 없었다. 프랑스 지배하의 불교는 반권력적, 반식민지주의적 대중적 정치세력을 결집하는 계기가 되었다. 일찍이 유교가 권력을 지탱하는 이데올로기로서 기능하였듯이 식민지 지배하에 베트남에서는 가톨릭이 사회의 상층부를 중심으로 침투하였다. 그러나 민중적 성격을 강화한 불교는 식민지 지배에 고통받는 민중의 정신적 지주의 역할을 수행하였다.

정토교의 신흥교단으로서 1848년 베트남 남부의 메콩 델타 지방에서 성립한 보산기향(寶山奇香)파는 급속도로 델타 농민 사이에 세력을 확장하였다. 그래서 이 교단은 프랑스가 메콩 델타를 군사적으로 점령하자 이에 대항하여 항불(抗佛)운동의 중요한 일익을 담당하였다. 20세기에 들어서 보산기향파 제4대 교주를 자처하며 호아하오교를 창시한 '후인 후 소'는 교파의 신도를 모아 전투적 정치집단을 조직하여 강력하게 반불투쟁을 전개하였다.

반드시 불교와 동일시할 수는 없으나 지금까지 살펴본 민중불교의 복합적 성격을 극단적으로 몰고간 신흥종교집단으로 카오다이교가 있다. 카오다이교는 1917년 '고 방 츄'가 창시한 고도로 복합적인 종교이다. 이 교단은 불교 외에 도교, 유교, 그리스도교의 도덕사상, 나아가 전통적인 민간신앙을 융합한 교의와 가톨릭에 필적하는 교단조직을 가진 특이한 종교집단이다. 메콩 델타의 미트에 본거지를 둔 이 교단은 남베트남 정부시대에 그 신도수 120만을 확보하여 국가 속의 소국가처럼 강고한 정치집단으로 발전하였다.

이처럼 베트남의 불교는 국가의 보호를 잃고 대중의 종교가 됨으로써 그 복합적 성격을 강화하는 한편, 동시에 종종 반권력적 정치집단을 낳는 계기를 만들었다고 할 수 있다. 남베트남 정부시대 수많은 승려가 대중이 보는 앞에서 분신자살을 행하여 폭압적인 권력에 항의하는 정치행동을 하였던 것이 보고되어 주목을 끌었다. 이러한 행동의 배경에는 베트남 불교의 오랜 역사가 존재하고 있었던 것이다. 또한 베트남 남부의 메콩 델타 지대에는 크메르계 주민이 많이 거주하고 있다. 거기에는 캄보디아 불교의 흐름을 받아 상좌불교를 신봉하고 있다는 점을 덧붙여 둔다.

제4절 • 동남아시아의 화인(華人)불교

동남아시아 각지에는 도시 지역을 중심으로 중국인이 집단적으로 거주하는 곳이 많다. 중국인의 거주지역에는 이른바 '중국사(寺)'가 있어, 화교의 신앙을 한데 모으고 있다. 화교의 인구가 전인구의 77%를 점하는 싱가포르나 화교가 집중되어 있는 말레이지아 도시 지역에는 중국사의 존재가 유달리 눈에 띈다. 이들 중국사를 참배하는 화인불교도의 신앙형태는 이미 지적했듯이 순수한 불교신앙이 아니고 특히 도교적 색채가 농후하다.

더욱이 여러 가지 민간신앙이 여기에 더해져서 복잡한 모습을 드러내고 있다. 인도네시아 불교를 논할 때 언급한 화인(華人)종교가 크에 테크 호이는 이 점을 비판한다. 그는 청년시절 이러한 중국사에서 흔히 보는 복합적인 불교의 태도를 날카롭게 비판하고, '참된 불교(Agama Buddha jang Betoel)'를 추구하여 상좌불교에 이르렀다고 회고하고 있다. 예를 들어 마락카 최고(最古)의 사원이라고 하는 청운정(青雲亭)에 관음보살·천후성모(天后聖母)·관제(關帝)·마조(媽祖)·태세야(太歲爺)를 제사하고 있다고 한다.

또한 페낭의 극락사 본전에는 석가모니불을 중심으로 아난존자(阿難尊者)·목련존자(目連尊者)·약사여래(藥師如來)·위태천(韋駄天)과 18나한을 제사하고 있고, 본전의 바깥 쪽 사전(社殿)에는 9천현녀(九天玄女)나 옥황상제 등 도교의 신들의 모습을 볼 수 있다. 여기에서는 똑같이 불교와 도교가 뒤섞이고 있으면서도 불교의 우위성을 볼 수 있는 특징이 있다.

이처럼 한마디로 중국사라고 해도 그 내용은 여러 가지이다. 그러나 대개 중국사에서 순수한 불교의 모습을 찾기는 오히려 곤란하고 많든 적든 도교나 유교가 혼합되어 있는 것을 볼 수 있는 것이 보통이다. 기본적 상황은 타이의 경우도 마찬가지이다. 다만 일찍이 타이 정부의 불교 통제에서 벗어나 있었던 중국사가 최근 종교국의 통제하에 들어가 위에서 말한대로 그때까지 통계상 '유교도(儒敎徒)'였던 화교가 '불교도'로 편입된 점이 달라졌다.

맺음말

 동남아시아 현대불교는 크게 나누어 스리랑카계 상좌불교와 중국계 대승불교 두 가지 흐름이 있다. 미얀마·타이·라오스·캄보디아의 불교는 전자에 속하고, 베트남과 동남아시아 각지에 흩어져 있는 화인불교는 후자에 속한다. 전자의 특징은 나라마다 그 정도의 차이는 있지만 비교적 잘 정비된 상가(출가교단)조직을 가지고 있고, 이것을 재가자가 지탱하는 구조를 지닌다는 점이다.
 국민의 대다수가 상좌불교도인 이들 나라에서 상가는 좋든 싫든 국가의 관심사였다. 그 상황은 오늘날까지 변함이 없다. 그때까지 거의 관심을 보이지 않았던 미얀마의 네윈정권이

근년에 들어서 시급히 상가조직의 중앙집권화에 생각이 미친 것도 민중에 대한 불승의 영향력이 무시할 수 없다는 것을 새삼스럽게 인식했기 때문일 것이다. 이에 대해 후자 즉 중국계 대승불교의 경우, 불교라는 시각에서만 접근해서는 곤란하고 민중의 실천종교라는 각도에서 인류학적 내지 정치학적 검토가 필요하다. 특히 베트남의 경우에는 불교가 처한 역사적 상황을 무시하고서는 그 불교를 이해할 수 없다는 점을 기억하지 않으면 안 된다.

참고문헌

石井米雄, 〈インドネシア上座部佛敎史硏究ノート〉《東南アジア硏究》第18卷 2號, 257~270頁.

川本邦衛, 〈ベトナム佛敎〉(《アジア佛敎史·中國編IV 東アジア諸地域の佛敎―漢字文化圈の國國》) 昭和51年 佼成出版社.

佐佐木宏幹, 〈マレーシア·シンガポール〉《佛敎文化事典》平成元年 佼成出版社.

Alain Ruscio(ed), 1989, *Viet Nam, L'histoire, la terre, les hommes*, Paris: L'Harmattan.

역자후기

  새로운 천 년을 맞는 지구촌은 세계화·국제화의 추세가 더욱 확산될 전망이다. 국가적 차원에서도 이러한 세계사적 추세에 부응하기 위한 제반 정책을 더욱 밀도 있고 광범위하게 추진하고 있다. 그럼에도 불구하고 한국인의 의식은 활짝 열려 있지 못하고 여전히 경직되고 폐쇄적인 것으로 평가되고 있다.
  우리 불교인들의 경우도 예외는 아니라고 생각한다. 대부분 불교인들의 의식 속에는 '한국의 불교만이 불교'라는 고정관념이 뿌리깊게 자리하고 있는 것으로 보인다. 물론 최근 들어 불교텔레비전을 비롯한 다양한 불교매체의 적지 않은 역할로 티베트 불교나 일본불교의 단편적인 모습들이 종종 소개되고 있기는 하다. 하지만 우리는 아직 전체적인 세계불교의 어제와 오늘에 거의 무지하다고 해도 과언이 아니다. 불교학 연구 역시 추상적인 교학 연구와 한국 및 중국불교의 통시적 연구에 치중되어 있고, 구체적 삶의 문제의식에 바탕한 세계불교의 공시적 연구에는 매우 인색한 형편이다. 이제라도 우리는 불교 이해의 지평을 넓혀가야 한다. 세계 각국의 불교 현황을 폭넓게 파악함으로써 우리는 불교의 본질에 한 걸음 더 가까이 다가갈 수 있고, 우리 불교의 참모습을 객관적으로 비춰 볼 수 있기 때문이다. 그리하여 우리는 한국불교의 좋은 점을 더욱 발전시켜가고, 문제점을 극복해가는 계기로 삼아야 한다.

주지하다시피, 오늘날 세계불교는 매우 다양하지만 크게 남전(南傳)불교와 북전불교로 이분(二分)할 수 있다. 아시아 불교의 경우, 흔히 소승불교로 일컬어지는 전통적·보수적 불교인 남전불교는 현재 스리랑카·미얀마·타이·라오스·캄보디아 등에서 신봉되고 있으며, 이들 국가의 불교도들은 스스로를 '테라바다(Theravāda; 장로의 道, 上座部)를 믿는 사람들'이라는 의미의 '테라바딘(Theravādin)'이라고 부른다. 북전불교는 현재 우리 나라를 비롯하여 네팔·부탄·티베트·러시아의 일부 지방·몽골·중국·베트남·일본 등에 퍼져 있으며, 이 지역의 불교도들은 자신들의 불교를 보통 대승불교라고 부른다. 대승불교도들은 일반적으로 자신들의 불교가 '대승'임에 큰 긍지를 가지고 남전 상좌부 불교를 폄하해온 경향이 있었다. 오늘날 우리가 상좌부 불교를 주축으로 하는 동남아시아 국가들의 불교에 대해 무관심한 것도 필시 이러한 편향된 인식 때문이라고 본다.

반면, 상좌부 불교도들은 자신들이 불교의 정통성을 계승하고 있다고 믿는다. 그리고 거기에는 나름대로 그렇게 주장할 만한 역사적 근거가 있음을 우리는 부인할 수 없다. 물론 '교단의 정통성'보다는 '사상적 정통성'을 더 중시하는 대승불교도들에게도 할 말은 많을 것이다. 하지만 지금은 정통성의 문제를 논할 때가 아니다. 우선 있는 그대로의 불교 '현상'에 선입견을 비우고 다가가, 그 다양한 '현상' 속에서 불교의 본질과 정체성을 회복하여 종교로서의 자기 역할을 충실히 수행해 가야 할 때인 것이다.

이 책은 이러한 인식을 바탕으로, 약 1억인의 신도를 확보하고 있는 동남아시아 현대불교의 현상을 정치·사회·경제·문화 등 종합적인 관점에서 분석하고 있다. 동남아시아의 현대불교에는 스리랑카·미얀마·타이·라오스·캄보디아 등의 스리랑카계 '상좌(부)불교'와 베트남 및 싱가포르 등의 화인(華人)불교도들이 믿는 '대승불교'의 두 흐름이 있는데, 여기서는 전자는 비교적 상세히 다루고, 후자는 간략하게 언급하고 있다.

이 책은 '이시이 요네오(石井米雄)'를 비롯한 총 일곱 사람의 필자가 쓴 논문들로 엮어져 있는데, 이들은 대부분 현지에서 오래 거주하였으며 풍부한 현장 연구의 경험이 있고, 미얀마 어나 타이 어 등에도 능숙하다. 따라서 이 책에서는 문헌

만의 지식으로는 느낄 수 없는 생생한 현장감이 넘쳐나고 있다.

이 책의 한국어 번역 출판을 허락해 준 일본의 '佼成出版社'와 여러 필자들, 어려운 여건 속에서도 이 번역본을 흔쾌히 출간해 준 불교시대사 사장님과 관계자 여러분, 그리고 여러 가지로 도움을 준 모든 분들께 깊이 감사드린다.

끝으로 정확한 번역이 되도록 최선을 다했지만 원서의 의미를 왜곡한 곳이 없지 않을 줄 안다. 강호 제현의 아낌 없는 질정을 바랄 뿐이다. 아무쪼록 이 책이 한국불교의 지평을 넓혀가고 올바른 불교의 내일을 열어가는 데 작은 도움이 될 수 있기를 기대해 본다.

2001년 정월 대보름에
박경준 합장

집필자 소개

이시이 요네오(石井米雄) : 1926년생. 上智大學 교수. 저서로 《상좌부 불교의 정치사회학》《타이 불교입문》 등이 있음.

다무라 가쓰미(田村克己) : 1949년생. 일본 국립민족학박물관 조교수. 논저로 《세계의 대유적 12—앙코르와 보로부두르》〈상(上)버마 한 농촌의 연중의례와 이원성〉〈미얀마의 정령신앙재고(精靈信仰再考序說)〉 등이 있음.

야마다 히토시(山田 均) : 1959년생. 일본학술진흥회 특별연구위원. 논문으로 〈탐마윳트 운동의 발생〉〈탐마윳트 운동의 발전〉 등이 있음.

히야시 유키오(林 行夫) : 1955년생. 일본 국립민족학박물관 조수. 저서로 《돈딘 촌의 전통구조와 그 변용》 등이 있음.

하라다 마사미(原田正美) : 1958년생. 大阪外國語大學 비상근강사.

이토 도시카쓰(伊東利勝) : 1949년생. 愛知大學 조교수. 논문으로 〈하(下)버마의 개발과 이민〉〈미얀마의 근대적 내셔널리즘에 있어서의 문제점〉 등이 있음.

옮긴이 / 박경준
동국대학교 불교학과 및 동대학원 졸업. 철학박사. 현재 동국대 불교학부 교수. 역저서로 《민중불교의 탐구》(공저) 《원시불교사상론》 《불교사회경제학》 등이 있다.

동남아시아의 불교 수용과 전개

엮은이 · 石井米雄
옮긴이 · 박경준
발행인 · 김병무
발행처 · 불교시대사 ⓒ

초판발행 · 2001년 2월 26일

영업부 전화 (02)730-2500, 725-2800
　　　　팩스 (02)723-5961
110-300 서울시 종로구 관훈동 197-28
　　　　백상빌딩 13층
출판등록일 1991년 3월 20일, 제1-1188호
ISBN 89-8002-072-4 03220
홈페이지 /http://www.buddhistbook.co.kr

값 7,000원

*잘못된 책은 바꾸어 드립니다.